03

中国国家博物馆国际博物馆学译丛

中国国家博物馆国际博物馆学译丛

《博物馆学基础：不断演进的知识体系》

作者简介

基尔斯滕·F. 莱瑟姆（Kiersten F. Latham）拥有人类学学士学位、历史管理和博物馆学硕士学位以及图书馆与信息管理博士学位。她曾在多个博物馆岗位任职，包括某地方历史学会会长、城市博物馆藏品与研究部研究馆员、太空史博物馆藏品研究馆员、科学中心项目协调员、活态历史博物馆着装讲解员、堪萨斯大学博物馆研究项目执行主任等，这使她与各种类型和规模的博物馆有过密切接触。她还曾担任贝萨尼学院、堪萨斯大学、北部州保护中心、密歇根州立大学和鲍林格林州立大学的兼职教员。2010 年，她接受肯特州立大学图书馆与信息科学学院助理教授一职，并设计、开发、实施了基于信息视角的博物馆研究专业。她在博物馆学、档案研究、活态体验、物质性及现象学研究方法等领域展开研究并发表了大量著述。

约翰·E. 西蒙斯（John E. Simmons）拥有系统学和生态学学士学位，历史管理和博物馆学硕士学位。他的职业生涯始于动物园管理员，之后他在加利福尼亚科学院、堪萨斯大学生物多样性研究中心和自然历史博物馆担任藏品管理员，在堪萨斯大学任职期间还担任博物馆研究项目主任。目前，他在哥伦比亚国立大学、朱尼亚塔学院、肯特州立大学以及北部州保护中心做兼职教员，教授博物馆学；在宾夕法尼亚州立大学地球与矿物科学博物馆和艺术馆做兼职藏品研究馆员；还经营一家国际博物馆咨询公司——Museologica。他曾获得美国博物馆联盟卓越志愿服务奖（2001），堪萨斯大学研究生杰出导师校长奖（2005）以及自然史收藏保护协会颁发的 2011 年度卡罗琳·L. 罗斯自然历史藏品保管与管理杰出贡献奖。

译者简介

陈淑杰，上海外国语大学英语系毕业，中国国家博物馆国际联络部主任、副研究馆员。毕业后一直在文物博物馆领域从事国际交流合作工作，其间数次在驻外使领馆工作，负责中外文化交流。编撰多篇国外博物馆调研报告，并作中外博物馆对比研究。

FOUNDATIONS OF MUSEUM STUDIES

博物馆学基础

不断演进的知识体系

〔美〕基尔斯滕·F.莱瑟姆　〔美〕约翰·E.西蒙斯———著

陈淑杰———译　尹凯———审校

中国出版集团 东方出版中心

图书在版编目（CIP）数据

博物馆学基础：不断演进的知识体系 /（美）基尔
斯滕·F.莱瑟姆，（美）约翰·E.西蒙斯著；陈淑杰译
. 一上海：东方出版中心，2024.1
（中国国家博物馆国际博物馆学译丛 / 王春法主编）
ISBN 978-7-5473-2298-7

Ⅰ.①博… Ⅱ.①基… ②约… ③陈… Ⅲ.①博物馆
学 - 研究 Ⅳ.①G260

中国国家版本馆CIP数据核字（2023）第 225862 号

上海市版权局著作权合同登记：图字09-2023-1093号

博物馆学基础：不断演进的知识体系

著　　者　[美]基尔斯滕·F.莱瑟姆　　[美]约翰·E.西蒙斯
译　　者　陈淑杰
审　　校　尹　凯
丛书筹划　刘佩英　肖春茂
责任编辑　肖春茂　郑李脉
封面设计　钟　颖

出 版 人　陈义望
出版发行　东方出版中心
地　　址　上海市仙霞路345号
邮政编码　200336
电　　话　021-62417400
印 刷 者　徐州绪权印刷有限公司

开　　本　710mm×1000mm　1/16
印　　张　16.25
字　　数　181千字
版　　次　2024年1月第1版
印　　次　2024年1月第1次印刷
定　　价　68.00元

编辑委员会

主　　编：王春法

执行主编：丁鹏勃

编　　委：王春法　杨　帆　陈成军　刘万鸣　丁鹏勃

　　　　　陈　莉　张伟明　潘　涛　朱扬明

统　　筹：潘　晴　王云鹏　陈淑杰

编　　务：夏美芳　王洪敏　马玉梅　童　萌　孙　博

谨以此书献给我们已故的博物馆学教授和导师、科学家、研究馆员、博物馆馆长菲利普·斯特朗·汉弗莱（Philip Strong Humphrey, 1926—2009），他将对博物馆的热爱和期待传递给了几代心存感激的学生和同事。

总序

关于建设中国特色博物馆学的若干思考

中国国家博物馆馆长　王春法

一

在现代社会的公共文化机构中，博物馆是一个非常独特的存在。就其功能而言，博物馆毫无疑问是保护和传承人类文明的重要殿堂，是连接过去、现在和未来的桥梁，同时在提升社会审美意识、促进世界文明交流互鉴方面也具有特殊作用，因而具有历史、文化、艺术等多重属性。按照国际博物馆协会的定义，博物馆是"为社会服务的非营利性常设机构，它研究、收藏、保护、阐释和展示物质与非物质遗产。它向公众开放，具有可及性和包容性，促进多样性和可持续性。博物馆以符合道德且专业的方式进行运营和交流，并在社会各界的参与下，为教育、欣赏、深思和知识共享提供多种体验"。从历史发展来看，无论在中国还是在外国，现代意义上的博物馆都是从最初的私人收藏、个人把玩、小众欣赏向信托基金收藏、社会化展示、学术界研究宣介转变发展而来的。而且随着社会的发展进步，博物馆的类型也越来越多种多样，从私人博物馆到公立博物馆，从艺术博物馆到综合博物馆，从历史博物馆到考古博物馆，从行业专题博物馆到综合性博物馆，以及难以计数的由名人故居改造而来的纪念馆、艺术馆等等，形态各异，丰富多彩。与此相适应，博物馆的藏品类型也从简单的艺术品收藏，比如绘画雕塑、金银玻璃等传统意义上的艺术品，扩大到生产器具、生活用品、古籍善本、名人手稿等各类反映社会生活发展进步的代表性物证；博物馆展览展示活动则从传统的引导鉴赏审美扩大到促进对人类自身演进历史的回顾与反思，成为历史记忆与文化基因互映、鉴赏审美与教化引导同存、创造新知与休闲娱乐并行的重要公共文化产品，博物馆也由此成为享受精神文化生活、消费精神文化产品的重要公共场所，成为城市乃至国家的文化地标。

现代博物馆的突出特点是其藏品的公共性而非私密性、鉴赏的大众性而非小众性、展览展示的导向性而非随机性，体现在藏品来源、展览展示以及社会导向等方面，其中在观众结构上表现得最为突出和充分。一般来说，现代博物馆已经突破了小众鉴赏的局限性，通过导向鲜明的展览展示活动把观众拓展为社会大众，这一群体既有稚龄幼童和中小学生，也有青年观众和耄耋老人；既有在地观众，也有跨区观众；既有国内观众，也有国外观众。他们来自各行各界，通过参观展览在博物馆里寻找各自的思想情感载体，沉浸其中，享受其中，带着不同的感悟收获而去，并在这个过程中与博物馆进行高强度的思想理念情感互动，推动塑造着城市或者国家的文化形象。如果我们要在较短的时间内比较系统深入地了解一座城市或一个国家，那最好的方法就是去参观博物馆；一座城市如果没有博物馆，那就不能说是一座有文化的城市；一个国家的博物馆展览展示水平如果不那么尽如人意，也没有几次具有国际影响力和巨大视觉冲击力的重要展览展示，那也就不能说这个国家的文化发展到了较高水平。正是在这个意义上，我们说博物馆是一座城市或者说一个国家的公共文化窗口、文化客厅。

随着网络信息技术的飞速发展，社会形势正在发生重大变化，博物馆传统的组织架构、产品形态、运维模式、管理机制甚至员工技能条件和要求都在为适应形势变化作调整。首先是藏品形态以及管理方式发生了重要变化，数字化收藏和数字化管理成为重要趋势，以数字方式存储的各种资料、数据、图像正在成为新的重要藏品形态，藏品管理也越来越借助于信息技术手段，通过对藏品本体进行二维或三维数据采集形成的藏品数据规模也越来越大，博物馆的核心资源正在从实物藏品向海量数据转变；其次是数字化展示已经成为博物馆展览的常态化趋势，如依托线下展览形成的网上展览、无实体展览支撑的虚拟展览、依托大数据和人工智能建设的线下数字展厅和智慧展厅、各种各样的沉浸式展示体验等，与此相适应的社会教育和媒体传播也深受观众欢迎，往往形成现象级传播效果；最后，依托博物馆明星文物开发形成的文化创意产品、依托重要展览衍生的出版物以及其他周边产品等规模越来越大，社会影响也极为广泛，社会效益和经济效益也都十分可观。当然，在网络信息技术的支持下，博物馆的安全运维、设备管理、后勤服务等方面更是发生了根本性变化。我们经常强调现在博物馆正在经历三级跳甚至四级跳，即从传统意义上以实物为核心资源的博物馆转向以观众为核心的新博物馆阶段，再到以办公自动化为主要形式的信息化阶段，进而转到以数字化呈现为核心的数字博物馆阶段，目前则正在向以数据资源为核心的智慧博物馆转变，数字藏品、元宇宙等等就是博物馆与数字信息技术在这方面的最新探索。

二

中国的博物馆事业肇始于20世纪初学习西方先进文化的时代背景中，迄今已经走过了一百多年的发展历程。中华人民共和国成立以来，博物馆事业作为党领导的国家文化事业的重要组成部分，不仅自身迅速发展繁荣，形成涵盖综合类、历史类、艺术类、遗址类、人物类、科技类、纪念馆类等类型多样的庞大博物馆体系，而且积极回应国家和社会需求，主动承担历史、时代、民族和国家赋予的使命，在收藏和保护文物、举办展览、开展社会教育活动、满足人民精神文化需要、向世界展示中国风采等方面发挥了重要作用。特别是党的十八大以来，习近平总书记高度关注、重视文物博物馆工作，多次到博物馆考察调研，对博物馆工作作出一系列重要指示批示，博物馆事业得到高速发展、空前繁荣，在促进人的全面发展、引导社会价值理念和反映社会进步成就方面发挥的作用不断彰显，作为文明交流互鉴窗口和平台的作用日益突出。有资料表明，1996 年我国仅有博物馆 1 210 座，到 2019 年全国备案博物馆已达到 5 535 座，年均增加近 200 座新博物馆。2019 年，全国举办展览近 3 万个，年观众总量在 12 亿人次以上。即使在深受新冠疫情冲击的 2021 年，我国新增备案博物馆也高达 395 家，备案博物馆总数达 6 183 家；全年举办展览 3.6 万个，举办教育活动 32.3 万场；全年接待观众 7.79 亿人次；适应疫情防控需要，策划推出 3 000 余个线上展览、1 万余场线上教育活动，网络总浏览量超过 41 亿人次。其中，中国国家博物馆、故宫博物院等都是在国内外具有广泛影响、深受观众欢迎的世界知名博物馆。大体来说，当代中国博物馆事业发展具有以下几个突出特点：

一是强有力的政府支持。与西方发达国家主要通过各种基金会对博物馆提供间接支持赞助不同，我国博物馆中有三分之二属国有博物馆，而且各类博物馆都可以通过不同方式获得直接财政支持，馆舍建设、藏品征集、安全运维、免费开放等等都是如此。与此同时，中央以及地方政府还出台不同政策对博物馆事业发展提供强有力的政策支持。正因为如此，国内博物馆建设发展速度很快，年均新增 200 多座新博物馆，目前已经实现平均每 25 万人一座博物馆的"十三五"规划预定目标。没有党和政府的强有力支持，就没有今天我国博物馆事业繁荣发展的大好局面。

二是鲜明的历史导向。中国有百万年的人类史，一万年的文化史，五千多年的文明史，为我国博物馆事业发展提供了丰富的历史文物资源。正因为如此，我国博物馆的主体是历史类博物馆，包括各种依托考古遗址建设的博物馆、依托名人故居或重大事件发生地建设的纪念馆等等，即使是综合类博物馆或行业博物馆也大多是以历史文物藏品或展览为主。这样一种组织体系决定了博物馆工作鲜明的历史导向，在文物征集收藏上比较注重历史价值，在阐释解读上比较倾向于以物说史、以物释史、以物证史，强调对历史文化的深层次探索和解读。相对来说，博物馆工作中关于美的历史展示，关于公众审美意识和审美能力的引导培养，还有很大的发展和提升空间。

三是锚定一流的设施配备。由于我国现有博物馆绝大多数都是改革开放以来三四十年间新建或者是完成改扩建的，无论是馆舍建筑设计，还是配备的设备设施，都是着眼于世界或国内一流水平来规划安排的，所以，我国现有博物馆基础设施大都非常先进，硬件方面堪称一流，馆舍也很壮观，是当之无愧的文化地标，许多省级博物馆乃至地市博物馆也都建设得气势恢宏，硬件条件不逊于一些外国国家博物馆，这在很大程度上得益于后来居上的后发优势。与此相对照，关于博物馆的微观组织架构和管理体制机制则受苏联理念风格的影响较大，部门之间分工明确，行政主导特点鲜明，具体工作依项目组织运行，策展人的权责地位则不够明确突出。

四是馆藏总体规模相对偏小。在看到我国博物馆飞速发展的同时，我们也要清醒地看到，我国博物馆的藏品规模总体上还是比较小的，全国第一次可移动文物普查数据显示，总量只有1.08亿件（套），其中各级各类博物馆藏品只有近4 200万件（套），全国博物馆藏品规模尚不及美国史密森学会（Smithsonian Institution）博物馆群1.57亿件的藏品规模，号称国内藏品最多的故宫博物院藏品只有 186 万余件（套），中国国家博物馆只有 143 万余件（套），较之大英博物馆、纽约大都会艺术博物馆动辄数百万件的藏品规模相去甚远，这又从另一个方面反映了中国博物馆发展空间巨大，任务更加艰巨复杂。

五是学术研究基础亟待加强。博物馆是一本立体的百科全书，学术研究是博物馆一切工作的基础，没有高水平的学术研究就没有高质量的征集保管，也没有高水平的展览展示，更没有引人入胜的教育传播活动。传统上，我国博物馆普遍比较重视展览展示和讲解社教，学术研究基础总体上则比较薄弱，而且不同博物馆研究实力和学术水平也很不均衡。一般来说，各省省级博物馆和部委属专题博物馆的研究机构设置和研究人员配备情况相对好些，地级市及以下博物馆比较弱些，非国有博物馆则几乎谈不上学术研究。总体来看，博物馆在藏品和展示方面呈现出越往上越好、越往下越差的三角状态。无论是承担学术研究项目，还是学术人才配备，这种梯级分布情况都十分明显。

六是国际策展人明显不足。博物馆展览是一项综合性工作，需要策展人是多面手，把符合博物馆功能定位的展览意图与社会观众的普遍预期有机结合起来。一方面，要选好展览主题，多方面争取和筹集经费，从不同单位协调展品，熟悉展品的基础信息和学术研究进展情况，准确把握观众需求和期待；另一方面又要做好展览的内容设计、空间设计、平面设计和灯光设计，不仅仅要把藏品摆出来，而且要摆得好、摆得到位，既能够让普通观众清楚明白地了解到策展人的展览主旨和斟酌脉络，又要让具有相当研究欣赏水平的观众能够对特定藏品进行近距离观赏和思考。在国际层面上，由于展览肩负文明交流互鉴的重任，而各博物馆的功能定位不同，中外博物馆策展理念存在明显差异，真正具有国际视野、能够推进国际展览的专门化策展人才严重不足，能够有效向国外推介中国博物馆展览的优秀人才则更是凤毛麟角。反映在展览交流上，就是我们处于严重的入超状态，即引进来的多，走出去的少；走出去的展览中古代的多，近现代的少；在走出去的古代展览中，靠展品取胜的多，依靠展览叙事产生重大影响的少。要改变这种情况，就必须加大对策展人的培养力度，形成一大批具有国际视野和能力的国际化策展人，真正推动中华文化走出去。

令人振奋的是，进入 21 世纪第二个十年以来，在以习近平同志为核心的党中央的关心和支持下，人民群众关注博物馆、参观博物馆、支持博物馆建设的热情更加高涨，我国博物馆事业发展明显加速，呈现出空前积极健康向上的良好发展势头。从博物馆自身发展来看，共同的趋势是更加突出观众为本的价值理念，更加强调展览展示是博物馆最重要的公共文化服务产品、策展能力是博物馆的核心能力，博物馆作为历史文化解读者的权威地位受到更多方面因素的影响，博物馆周边产品的延伸活化功能得到前所未有的关注和发展，网络信息技术手段得到广泛应用，文化客厅的地位作用更加突出，更加重视塑造提升博物馆的社会公众形象，更加突出征藏展示活动的评价导向功能。在这种情况下，博物馆作为一个相对独立的自主知识体系载体，如何能够更充分地留存民族集体记忆，如何更系统完整地展示中华文明的源远流长、绵延不绝和灿烂辉煌，如何更大力度地以中华文化走出去来促进文明交流互鉴，如何更有效地处理好保存历史与技术应用之间的关系，如何更多地创造分享社会发展新知，都成为时代提出的一些紧迫而直接的严峻挑战，要求我们广泛吸取各方面的智慧和启示，明确未来的发展方向，不断推进理论探索和实践创新，为世界博物馆事业发展提供中国方案、贡献中国力量。

三

概括起来看，无论是在中国，还是在外国，博物馆相关的知识体系大体上可以分为三大类：一类是关于文物藏品的学问，我们称之为文物学。在这个大类之下，各种关于不同类型文物藏品的研究都可以称之为一门专门学问，比如研究青铜器的，研究绘画作品的，研究雕塑的，研究玉器的，研究陶瓷的，研究钱币的，研究不同时代历史文物的，研究不同艺术流派的，研究民族民俗文物的，等等。一类是关于历史文化研究的，大致可以归为历史学的范畴。国内博物馆一般是依据历史时代进行断代史相关研究的，比如夏商周、先秦史、秦汉史、三国两晋南北朝史、隋唐史、宋元明清史、近代史、现代史、当代国史研究等等。欧美国家的博物馆由于藏品来源不同，大多按不同地区分为希腊罗马、埃及、中东、远东、印度等不同研究方向，依托馆藏文物藏品进行研究、展览以及征集等。比如，卢浮宫博物馆分设有希腊、伊特鲁里亚和罗马文物、埃及文物、东方文物、伊斯兰艺术、拜占庭与东方基督教艺术、绘画、版画与素描、雕塑和装饰艺术九个藏品部门。还有一类是研究博物馆管理的，包括征藏、文保、展览、教育、传播、设备、安全等等，这部分研究工作可以称为博物馆学。从这个意义来说，所谓博物馆学实际上就是博物馆管理学，核心内容就是研究博物馆运维的内在规律，包括征集工作规律、保管工作规律、学术研究工作规律、展览展示工作规律、社教传播工作规律、观众服务工作规律、文化创意工作规律、安全保障工作规律等等。总体上来说，这三方面的学问构成了现代博物馆知识体系的主体部分。自然历史博物馆和艺术博物馆则另当别论。

就博物馆的藏品研究来说，与大学或专门研究机构有着明显的不同。一般来说，大学研究或专门学术机构研究以文献为主，即使用到文物，也大多是引以为证。而博物馆的藏品研究则大多以文物为中心展开，对其产生、传承、功能、形态、材质、纹饰、图案等等从多方面展开研究，深入挖掘文物的历史价值、文化价值、审美价值、科技价值以及时代价值。这种研究固然需要具备深厚的历史背景和扎实的专业功底，但研究的对象始终是以物为中心，在这个过程中展现出广博的学科视野和深厚的知识储备，旁征博引，求真解谜，以释其真、其美、其重要，而由此得出的结论总脱不开物之真伪，并据此达到以物证史、以物释史、以物说史之目的。有物则说话，无物则不说话，有多少物则说多少话，至于由此物进行复杂的逻辑推演并获致更大范围内适用的结论，这在大多数情况下不是博物馆藏品研究的特点。从这个意义上来说，博物馆有多少藏品就会有多少研究专业或研究方向，每一件藏品的研究都是独一无二的，藏品研究的结论在很多情况下和很大程度上都只是对人类旧有知识或佚失知识的再发现，所以，要为人类知识宝库增加新的知识的话，就还需要通过上升到更高层面，比如历史学、艺术学等等来提炼或者归纳。因此，尽管博物馆藏品研究是学术研究的一个大类，研究领域、研究方向或者说研究课题纷繁复杂，但藏品研究本身并不构成一个独立的学科体系。这个结论对于文物学这个概念也是适用的。博物馆藏品大多属于文物，关于文物的研究可以用文物学来指称，但文物种类千差万别，对文物的研究缺乏一个共同的理论基础，试图用文物学这样一个大筐把博物馆藏品研究纳入其中，以此论证文物学作为一个学科存在的科学性，在很大程度上是难以成立的，因为大多数情况下文物之间的联系是偶然的而非必然的。

另一方面，在博物馆从事的科学研究大多是跨学科研究。对任何一件馆藏品的研究，都可以从多角度、多维度来进行把握，涉及自然科学和社会科学、工程技术等诸多学科领域，涉及历史学、美学、艺术学、理学、工学等各个学科门类的知识。举例言之，同样是研究大盂鼎，高校科研院所可能会将视角主要集中于器型、铭文或其功用之上，着眼于审美价值和历史价值；博物馆专家学者则需要从材质、工艺、纹饰、铭文、递藏过程等多维度来把握，需要科技史、文化史、文字学等多学科支撑，只有这样才能全面立体地展现大盂鼎的历史价值、文化价值、审美价值、科技价值和时代价值，向社会公众传达"国之重器"应有的教化意义。与此相适应，博物馆的学术研究是有明确应用指向的，研究成果要服务于博物馆的各项业务工作。围绕藏品进行研究是博物馆研究的基础，科研工作目标方向就是要以促进藏品征集、藏品保管、文物保护、展览策划、社会教育、公众服务、新闻传播等业务工作为导向，实现科研成果的直接转化。正因为如此，博物馆藏品或者说文物研究人员往往被称为专家而不是学者，因为相对于理论探索来说，博物馆藏品研究更多地是应用研究或者开发研究，虽然做的许多工作是基础性工作。

相比之下，博物馆学确实是一门综合性学科，关于博物馆学的研究可以从多个维度来展开，比如社会学、传播学、展览学、设计学、管理学、文化学等等。从我国的情况来看，博物馆学在形式上已经具有了作为一门成熟学科的主要条件，包括拥有中国博物馆协会这样一个学术组织，办有一批以博物馆为主题的专业刊物，而且南开大学很早就设立了博物馆学专业并且开始招生，甚至也定期进行博物馆定级评估并给予相关奖励，但作为一门生存和发展于历史学与考古学夹缝之中的交叉学科，博物馆学对自身的学科属性和专业定位长期模糊不清，学术研究也很难深入，这种复杂情况既可以在博物馆相关刊物的论文结构分布中清楚地看出来，也可以在专业基础对学生的就业方向影响不是特别显著这一方面呈现出来。之所以如此，一个重要原因就是博物馆研究缺乏符合博物馆实际而且特有的共同理论基础，在研究中要么主要是工作介绍，要么是经验归纳，既缺乏深入的理论挖掘，也缺少给人以启迪的思想提炼，以至于在全社会形成博物馆热的良好氛围之下，关于博物馆学的研究仍然冷冷清清，缺乏高度启示性、理论性的优秀学术著作，博物馆学相关研究成果对博物馆实际工作的指导作用也乏善可陈。因此，建设和发展中国特色博物馆学已是极为紧迫的。

关于建设中国特色博物馆学，王宏钧先生主编的《中国博物馆学基础》当属开山奠基之作，苏东海先生的《博物馆的沉思》等也进行了深入的思考和探索，但前者偏重于博物馆业务实践的归纳提炼，可称为博物馆微观管理学；后者偏重于博物馆事业发展的思辨和思考，属于博物馆一般理论。那么，中国特色博物馆学的理论基础到底是什么？这实际上是缺乏充分共识的。我个人认为，博物馆学的理论基础既可以是传播理论，也可以是知识管理理论，其核心包括以代际传承为主要内容的纵向传承和以展览为载体的横向扩散，当然随着网络信息技术的发展又有了赛博传播，从某种意义上可以说，博物馆的全部工作都是围绕着这三个维度展开的。以纵向传承来说，相关的研究包括藏品征集、藏品管理、库房管理、文物保护、藏品修复等，其中藏品的真伪之辨、新修之变、修旧如旧等实际上是要解决知识的确定性问题；以横向扩散来说，相关的研究则有展厅管理、展览策划、展览设计、展览制作、社教讲解、媒体传播、文化创意、国际交流等，其中的展览 — 传播 — 国际交流在形式上是社会教育，在实际上则是要解决知识的有效流动及其效率问题；以赛博传播来说，相关的研究则有博物馆信息技术、数据管理、在线展览、虚拟展厅、网络媒体、舆情监测、形象管理等，其中的数据、网民等实际上既是知识流动问题，也是网络信息时代博物馆形态变化的大背景下文物 — 观众关系发生时空转变的问题。而为了做好这些工作，中国特色博物馆学还应该有相应的基础工作，包括观众服务、设备管理、人力资源管理、财务管理、后勤管理、场馆运维、安全管理，以及涉及博物馆宏观管理的博物馆标准体系、博物馆政策法规等等。当然，也有学者提出要建立博物馆的知识图谱，这个问题值得商榷，因为历史上留下来的各种物质文化遗存是高度随机的，有时关于这些物质文化遗存的知识也是高度不确定的，而知识图谱需要在不同知识概念之间建立强逻辑联系，要把这样两种不同属性的事物融合起来，是需要超长时间的知识积累和研究支撑的，因而在效果上和方向上是难以实现的。

四

我们建设中国特色博物馆学，必须了解世界博物馆发展的总体趋势；我们创建世界一流博物馆，也必须把握世界一流博物馆的共同特点。在这方面，总的信息数据和研究基础都不那么令人满意。比如说，关于世界博物馆总量，一直没有准确数字，据估算在 20 世纪 30 年代约有 7 000 座，70 年代中期增加到 2 万多座，到 80 年代增加到 8.5 万座左右。但依据《世界博物馆》（*Museums of the World*）2012 年版对 202 个国家的统计，博物馆数量为 55 097 座。根据联合国教科文组织的研究报告，2020 年全世界的博物馆数量自 2012 年以来已增长了近 60%，达到约 9.5 万家。2021 年 4 月，联合国教科文组织以同年 3 月开展的在线调查所得数据为基础，报告了全球 10.4 万家博物馆现状。不同来源数字的差距之所以如此之大，主要是不同机构对博物馆的界定标准千差万别，统计报告的范围各不统一。总体上看，博物馆界倾向于从严控制范围，因而得到的数字小些；而联合国教科文组织倾向于从宽掌握范围，所以得到的数字大些。无论如何，世界各国博物馆数量呈现出持续增长的趋势，这既说明博物馆在承担国家文化政策功能方面的地位日益突出，也反映了经济社会发展为博物馆建设提供的支持更加强劲有力。

然而，博物馆数量的增长并不等同于质量和水平的提升，后者主要通过博物馆结构反映出来，而其中最重要的指标就是世界一流博物馆的数量与影响力。尽管博物馆形态多种多样，规模属性不一，但究竟什么样的博物馆才是世界一流博物馆，从来没有一个准确的界定，主要是出自口碑，包括观众评价或业界评价。一般来说，要成为世界一流博物馆，需要在多方面达到世界一流水平，比如藏品水平、研究水平、展览水平以及社会教育水平、综合运维、社会影响等等，它们共同构成世界一流博物馆的基本指标体系。

其一，藏品规模大。世界一流博物馆一般都具有藏品丰富的突出特点，不仅数量多，而且质量好、价值高，拥有一批举世公认、人人希望一睹"芳颜"的稀世珍宝，这些珍宝或者是历史文物，或者是艺术品。纽约大都会艺术博物馆、大英博物馆、艾尔米塔什博物馆、卢浮宫博物馆等世界闻名的一流博物馆，其藏品规模都在数十万乃至百万件以上，比如大英博物馆拥有藏品 800 多万件，来自埃及的罗塞塔碑、法老阿孟霍特普三世头像以及来自中国的《女史箴图》等堪称明星级珍贵藏品；法国卢浮宫博物馆拥有藏品近 50 万件，其中断臂维纳斯雕像、《蒙娜丽莎》油画和胜利女神石雕被誉为"世界三宝"；纽约大都会艺术博物馆藏品超过 150 万件，仅 15 世纪至今的世界各地服装即超过 3.3 万件；艾尔米塔什博物馆拥有注册藏品 318 万多件，包括达·芬奇的《利达圣母》与《持花圣母》、拉斐尔的《圣母圣子图》和《圣家族》、提香的《丹娜依》和《圣塞巴斯蒂安》、伦勃朗的《浪子回头》、鲁本斯的《酒神巴库斯》等等。这些博物馆大多历史悠久，藏品丰富，质量水平突出，形成馆以物名、物以馆重的良性互动机制。

其二，综合性博物馆。世界一流博物馆大多是综合性博物馆，其藏品结构和业务方向既要有历史性，也要有艺术性，还要有文化性，但总体上看历史文化是主基调、主旋律、主方向。比如，纽约大都会艺术博物馆的藏品就包括各个历史时期的建筑、雕塑、绘画、素描、版画、照片、玻璃器皿、陶瓷器、纺织品、金属制品、家具、武器、盔甲和乐器等，其展览涉及的范围更广。艾尔米塔什博物馆的藏品包括 1.7 万幅绘画，1.2 万件雕塑，62 万幅版画和素描作品，近 81 万件出土文物，近36 万件实用艺术品，超过 112 万枚钱币，以及古代家具、瓷器、金银制品、宝石等。俄罗斯国家历史博物馆不仅拥有 500 多万件藏品，比如超过50万年的旧石器时代物品、远古时代的巨大象牙、俄国最早的楔形文字记录与武器发展等，以及反映现代俄罗斯历史变迁的重要展览物，还有1 400多万份文档资料。由此可见，不管名字为何，世界一流博物馆肯定不应该是专题性博物馆，而是综合性博物馆，它们应该都能够进行宏大叙事，构建完整的话语表达体系，对公众起到教化作用。

其三，展览形态多样。作为公共文化机构，博物馆最重要的公共文化产品是展览，最核心的竞争力是策展能力。能否持续不断地推出在社会上产生巨大影响力的现象级展览，这是判断一座博物馆绩效水平的重要指标。世界一流博物馆无不以展厅多、展览多见长，有些博物馆建筑本身就是精美的展品。举例来说，卢浮宫拥有403个展厅；奥赛博物馆拥有80个展厅；大英博物馆则有60余个常年对外开放的固定展馆，有的展馆涵盖了多个展厅；纽约大都会艺术博物馆拥有248个展厅，常年展出服装、希腊罗马艺术、武器盔甲、欧洲雕塑及装饰艺术、美国艺术、古代近东艺术、中世纪艺术、亚洲艺术、伊斯兰艺术、欧洲绘画和雕塑、版画、素描和照片、现当代艺术、乐器等，另外还有一些临时展览；艾尔米塔什博物馆拥有10座建筑、500多个展厅，其陈列展览既有宫廷原状陈列如沙皇时代的卧室、餐室、休息室、会客室等，也有专题陈列如金银器皿、服装、武器、绘画、工艺品等，还有既保留原状又有所改变的陈列，比如在原物之外又增加了许多展品。一般来说，这些展览都展示了人类历史上不同时期的艺术瑰宝，琳琅满目，恢宏大气，充分体现出各个时代的代表性技艺和艺术水准。

其四，具有强大话语权。世界一流博物馆的话语权主要在于强大的文化解释权，包括学术话语权和文物释读权，其基础在于丰富的研究资源和雄厚的研究实力，而来源则是强大的研究力量。无论在藏品征集鉴定、学术研究、展览展示、国际联络等方面，还是在教育传播、文创开发、安全运维、综合管理等方面，世界一流博物馆都拥有一批业内公认的顶尖专家和学术领军人才，他们在业内有学术影响力，在公众中间有社会影响力，在许多方面能够起到一锤定音的权威作用。他们在专业学术刊物上发表文章，在专业学术会议上发表演讲，在专业学术团体中拥有重要位置，在公共媒体或自媒体上不断发表观点，而在这些情况下，他们都会引起业界和公众的广泛关注，并加上引用、转发和传播，成为有关研究和宏观决策的重要依据。一定意义上，他们是权威专家，他们的声音就是比普通员工有更大的传播声浪。比如说，在藏品征集或文物定级中，他们的观点可能直接决定着博物馆是否会征藏某件文物，或者一件文物被定级为珍贵文物还是普通参考藏品。

其五，具有行业引导力。世界一流博物馆之所以具有行业引导力，主要是由四个因素决定的：一是站得高，即世界一流博物馆在看事情、想问题、作决策时，绝不仅仅从本馆的角度出发，而往往是从人类历史文化或者是艺术发展的角度来作判断的，具有更高的历史站位和专业站位；二是看得远，即世界一流博物馆的决策更具有战略性，既要立足当下，更会着眼长远，对其征藏、展览、研究、人才、传播等行为的社会影响更加看重一些，挖掘得更深更细一些；三是想得透，也就是对世界与社会发展大势、行业发展主流形态、面临的突出问题、解决的具体举措以及未来的发展方向等有着更加深入的思考，不断推出新思想、新理念，凝练提升为新模式、新方案，形成业界共识，起到引领示范作用；四是做得好，即世界一流博物馆不仅有行动指南，更重要的是有具体落实行动，把蓝图变成现实，成为人人看得见、摸得着、享受得了的具体成果，而且这些行为又是可学习、可借鉴、可模仿的。就其本质来说，行业引导力主要是思想引导力、理念引导力，归根到底也是学术引领力。

其六，具有国际性的社会美誉度。世界一流博物馆普遍具有较高的社会美誉度，而且这种美誉度是跨行业、跨区域甚至也是国际性的。我们说一家博物馆具有较高的社会美誉度，主要是从这样几个方面来把握的：一是它的业务工作大多达到了较高的专业技术水平，比较规范，也比较专业，能够得到业界专家的高度评价和认可；二是它所推出的公共文化产品和服务具有较高的质量和水平，无论是展览展示还是观众服务或者是文创传播，都能得到社会公众的广泛认可和好评，在媒体上或者观众心目中都有比较好的口碑；三是运维管理安全有序，能够高质量完成委托交办的任务，履职尽责到位，为政府管理的绩效评价增光添彩，实现社会效益和经济效益的高度统一，得到政府部门的充分认可和高度评价；四是在国际上有较高的知名度和美誉度，国外的社会知晓率较高，在观众构成中国际观众占比较高，而且观众口碑较好，重复参观比例较高。

建成世界一流博物馆是一项长期任务，不是三两年建起一座大楼就可以了的，需要持续不懈地在软、硬件和社会环境营造上下大功夫，特别是在博物馆管理的理念与理论基础上应该形成自己的特色特点。好的博物馆应该是有品格的，也是有性格的，国家特色、时代特征、自身特点共同塑造了优秀博物馆的气派和风格。当今世界正处在一个大发展、大变革、大调整的时代，博物馆在推进人类社会发展中的地位和作用从未像现在这样凸显，博物馆之间的交流合作从未像今天这样频繁密切，博物馆从业人员既要关注自身的发展，也要从更广阔的视野来深入思考博物馆的社会功能，准确把握博物馆发展的新特征、新变化，主动回应博物馆发展面临的挑战，在时代巨变的洪流中持续探索博物馆发展的方向和重点。只有这样，我们才能够完成建设一批世界一流博物馆的历史任务和使命。

五

无论是建设中国特色博物馆学，还是要创建世界一流博物馆，首先需要中国本土各级各类博物馆的积极探索和丰富实践，同时也需要广泛充分吸收外国博物馆界的理论成果与经验积累。中国国家博物馆作为国家最高历史文化艺术殿堂和国家文化客厅，历来重视学术研究，把研究立馆作为办馆方针的重要内容，把建成具有世界影响力的研究中心作为发展的重要方向，努力以扎实的学术研究推动构建与国家主流价值观和主流意识形态相适应的中华文化物化话语表达体系，引导人民群众增强历史自觉、坚定文化自信，推动中外文明交流互鉴。组织翻译《中国国家博物馆国际博物馆学译丛》（以下简称《译丛》），就是要坚持全球视野、专业视角，面向世界一流水平，以兼收并蓄、海纳百川的宽广胸怀，分享世界博物馆学研究动态，推介前沿学术成果，借鉴优秀实践经验，助力中国博物馆学的理论创新和建设发展实践，推动构建中国特色、中国风格、中国气派的博物馆学学科体系、学术体系和话语体系，为新时代博物馆事业高质量发展作出积极贡献。总体来看，这套译丛至少具有以下三个特点：

一是系统性。《译丛》主题涉及博物馆工作的方方面面，既有关于博物馆学理论基础的，也有关于策展实践的；既有关于展览设计的，也有关于文物保护的；既有关于博物馆运维管理、藏品保护的，也有关于博物馆数字化、公共教育等领域研究成果的，同时凸显博物馆学多学科交叉融合的特点。在研究方法上，《译丛》兼顾当代博物馆学发展的规范性、理论性、反思性、趋势性等特征，选取了部分将博物馆学这门人文学科与更广泛的社会背景联系起来的研究成果，涉及全球变暖、殖民主义、种族主义、可持续发展等更为复杂的社会问题，集中反映了当下多元文化共存的复杂社会环境和大范围深层次的创新变革下，博物馆学的研究对象和研究范式随着博物馆功能、职责和定位的拓展而发生的转变。从这个意义来说，无论对于博物馆工作实践还是博物馆学研究，《译丛》都具有很强的针对性和启发性。

二是探索性。《译丛》的学术研究特点非常突出，不是从概念到概念、从范式到范式，而是从不同作者的研究视角出发，结合博物馆的工作实际展开探讨，而这样一些主题，如策展伦理问题、策展手册、策展人的角色以及公众参与、数字化建设等，通常很少出现在纯粹的学术性论著之中。以策展为例，尽管大家一致认为在博物馆实际工作中，策展人扮演着非常重要的角色，他们关于历史文物或艺术作品的展览解读对大众思想起着非常重要的引导作用，但他们到底该如何发挥自身作用，包括在数字时代如何应对来自展示、传播、版权、媒体等方面的严峻挑战，始终没有一个明确结论。事实上，这不仅仅是一个理论问题，更是一个迫在眉睫的实践问题，必须结合博物馆工作实际不断加以总结提炼，而开放探索、创造新知恰恰是本《译丛》的鲜明特色。

三是开放性。《译丛》不仅选择的主题是开放的、研究的方法是开放的，而且叙事方式也是开放的，这在其中两本书中有突出体现。一本是关于自然博物馆中策展人的故事，阐明了自然历史展览策划中一些鲜为人知的理念思考和实践探索，实际上反映了《译丛》主编对于博物馆范畴的思考；一本是关于数字时代博物馆发展的研究探讨，展示了作者在网络信息技术和数据技术飞速发展的时代背景下，对博物馆面临的各种挑战以及应对策略的探索，实际上也反映了《译丛》主编关于博物馆核心理念到底是文物、观众还是技术的一些深层思考。一定意义上说，正是由于《译丛》不仅包含最新基础理论著作，也涵盖与实践紧密相关的应用研究，收录著作体裁十分丰富，包括研究专著、学术论文集、文献综述、演讲集，以及普及性读物，从而把研究的开放性与阅读的趣味性有机结合了起来，既能满足博物馆从业者和研究人员的需求，也适合一般博物馆爱好者阅读，进而形成了读者对象的开放性。

《译丛》的出版凝聚了国内文博界"老中青"三代的力量，规模之大，在我国博物馆行业尚属少见。在这套丛书的策划过程中，潘涛先生不仅有首倡之功，而且多次推荐重要书目，出力不少；中国国家博物馆的多位中青年学者勇敢承担起翻译工作，他们的贡献和辛苦已经以译者的形式予以铭记；一些国内资深博物馆专家和高校学者多番审校，其中有颇多学界前辈不顾高龄、亲力亲为的身影，他们的学术精神和敬业作风令我们甚为感动；还有一些学者承担了大量繁琐的幕后组织工作，虽未具名，但他们的贡献也已深深地凝结在了《译丛》之中。需要说明的是，《译丛》收录的首批著作都是在 2020 年之前完成的，当时几乎没有研究者关注到类似新冠疫情大流行之类问题对博物馆行业的重大影响，这一缺憾我们将在后续翻译出版工作中予以弥补，到时会适当关注全球疫情影响下的一些重要研究成果。衷心希望《译丛》的出版能够为中国的博物馆学研究和博物馆事业发展贡献一份力量。当然，由于水平有限，译本中难免会存在这样那样的错误和疏漏，真诚欢迎广大读者批评指正！

是为序。

2023 年 8 月于北京

序

从 20 世纪 70 年代学术课程开始扩张以来，博物馆研究已成为一个快速发展的领域。打算攻读博物馆研究专业的学生，现在面临着各种各样令人眼花缭乱的硕士学位和研究生证书项目，还有在校或在线学习的选择。

虽然关于博物馆研究项目应该教授什么的争论仍在继续，但有一件事是肯定的：学生们总是需要获取新颖别致的博物馆研究路径，当相关知识是由那些在学术和日常博物馆实践两方面都具有数十年经验且备受尊敬的博物馆专业人士来传授，该情况尤其值得肯定。

基尔斯滕·莱瑟姆（Kiersten Latham）和约翰·西蒙斯（John Simmons）是最有资格编写博物馆研究教科书的人，该书在国际视域下对该领域进行了广泛、全面的介绍；将博物馆学理论和博物馆实践紧密结合起来，展示了两者之间如何相互影响、帮助博物馆去改变和发展，从而更好地为观众服务。本书提出的概念和观点，皆是作者根据自身的博物馆工作经验提炼总结而来，后又经过多年向研究生传授博物馆研究的实践经验打磨而成。博物馆研究是从信息与图书馆学的角度出发，运用系统方法将博物馆作为动态机构进行分析研究。研究结论是把博物馆理解为根植于更大的文化综合体（包括图书馆、档案馆和其他信息机构）中的、不断发展的机构，强调了在博物馆里进行的以"物"为基础的学习的重要性。

今天，世界各地的博物馆在社会中扮演着许多角色，譬如教育机构、研究机构、社区的经济引擎、世界重要遗产的保护者以及值得信赖的召集人。如果博物馆将继续帮助我们 —— 无论是个人、社会还是全球社区 —— 了解过去、引领未来，那么，未来的博物馆专业人士就必须了解博物馆的发展历史、全球范围内的博物馆工作、博物馆事业成功所需的广泛技能以及跨学科的博物馆与博物馆专业人士之间的互动。《博物馆学基础：不断演进的知识体系》为博物馆研究提供了一个权威的导论，也会为学生们打造博物馆领域职业生涯奠定坚实的基础。

福特·W. 贝尔博士（Ford W. Bell, DVM）
美国博物馆联盟主席
华盛顿特区

前言

为什么要写这本书?

与博物馆一样,本书也是逐步演变的结果,其最终面世有如下原因。首先,我们看到了撰写一本简明介绍博物馆与博物馆研究书籍的必要性。距离拉尔夫·H.刘易斯(Ralph H. Lewis, 1976)撰写《博物馆手册》(*Manual for Museums*)和 G.埃利·布尔考(G. Ellis Burcaw)撰写《新博物馆学手册》(*Introduction to Museum Work*)(1975 年第一版,1997 年第三版),已经过去了很多年。虽然自从这些书问世以来还有其他的好书——最著名的是由玛丽·亚历山大(Mary Alexander)和爱德华·P.亚历山大(Edward P. Alexander)编写的《博物馆变迁》(*Museums in Motion*)(1979 年第一版,2007 年第二版)——但是仍然缺少一本综合性的以实践和理论为基础、全面介绍博物馆与博物馆研究的著述。撰写本书的第二个动力是,我们其中一人(基尔斯滕·莱瑟姆,简称 KFL)在肯特州立大学 2010—2011 年度图书馆与信息科学硕士(master of library and information science,简称 MLIS)项目中开设了一个全新的博物馆研究专业。本书是以博物馆研究入门课程"博物馆学基础"(Foundations of Museum Studies)为蓝本编写的,该课程是图书馆与信息科学硕士生学习所有其他博物馆研究课程的先决条件。第三个原因是,图书馆与信息科学院校已开始将博物馆研究纳入其课程体系，因此越来越需要从这个角度理解博物馆（反之亦然）。最后的原因是，作为博物馆研究专业的毕业生，我们很想写一本那种当初在读研究生时就期望拥有的书。

这本书的目的是什么？

本书旨在成为博物馆研究专业的研究生入门课程的核心教材。我们期冀，本书能让读者对博物馆的早期历史、当下状况和未来发展有广泛的了解；解释博物馆的功能；为博物馆研究提供一个良好的理论基础。本书意在成为一本适合老师推荐的导论性质的补充读物，以便读者在博物馆研究的诸多复杂层面进行更深入地探究。

这本书有何不同？

尽管本书是根据图书馆与信息科学院校的需要而着手撰写的，但其视角和结构足够广泛，适用于所有教授博物馆学导论的学习机构。本书的独特之处是，我们从系统的角度看待博物馆，并认为博物馆是以文献为中心的机构（document-centered institutions）。为此，我们将博物馆和博物馆学结合起来，并通过跨学科理论视角审视博物馆实践。我们将博物馆视为教育、信息和娱乐机构的一部分，包括图书馆、档案馆、特殊收藏和其他机构，并认为它们理应被纳入其中。此外，尽管我们关于博物馆的视野是全球化的（我们都曾与全球多个国家的博物馆合作），但我们最了解的还是美国的博物馆。因此，书中的实例大多来自美国的机构。这本书并不是一本详述博物馆如何运营的手册，关于详细分步解析博物馆实践的知识可另寻他处。

如何使用这本书？

本书是根据我们在肯特州立大学（Kent State University）"博物馆学基础"课程中遵循的主题顺序排列的，该课程围绕"怎么做""是什么""都是谁""在哪里"和"为什么"等简单问题进行组织。经过数年的教学和实践，我们认为该顺序和内容已演变成为介绍这一学科的最佳方法。为方便读者理解，我们在文字以外还补充了照片与图表。此外，本书通篇穿插着一系列"现实验证"（reality checks），用以表达我们对博物馆理论与实践相结合的个人观点。

尽管我们保留了最少的参考文献，但我们仍鼓励师生们使用其他阅读材料来补充本书内容，尤其是那些更具体地聚焦当前问题和趋势问题的读物，因为博物馆研究是一个快速演变的领域。自20世纪70年代以来，博物馆研究的著述迅猛增加，任何对博物馆工作感兴趣的人都会从广泛而丰富的阅读中获益良多。

这本书里有什么？

首先，这本书对博物馆的诸多定义进行了审慎的核查，提出了我们认为最有效的定义，然后回顾了博物馆的历史及其在过去几个世纪中是如何演进和改变的。在本书第二部分（怎么做）中，我们把博物馆视为一个系统进行研究，并审视其处于其他的、更大的系统中的身份。尽管许多博物馆研究的教科书将博物馆视为自主、独立的机构，但我们希望读者将博物馆视为它们所处社会的组成部分。该部分的第二个章节概述了博物馆的基本功能：藏品保存、研究和传播。第三部分（是什么）提出了现有多种类型博物馆的关键问题、具有的共性及差异（第五章），与有意义的物质资源（meaningful physical resource）——博物馆中的

"物"（第六章）。大多数博物馆研究著述将"物"仅视为构成收藏的东西，仅将重点放在如何管理藏品中"物"的相关规定。但同时，我们也探讨了"物"的物理性及其意义，尤其是被博物馆化后"物"的意义的演变。该部分构成本书的核心内容，审视了博物馆学的重大转向，即从最初的关注博物馆观众转变为关注人与物（people and objects）之间的关系，以及在此情境下，"物"是如何被使用和感知的，"物"象征着什么，"物"如何被视为文献。第四部分（都是谁）探讨了与博物馆相关的人，包括博物馆的工作人员（第七章）和博物馆的使用者（第八章）。第五部分（在哪里）回顾了博物馆在世界范围内的蓬勃发展。书的最后部分，也就是第六部分（为什么），读者可以一窥职业前景，并借机思考自己在塑造博物馆未来过程中可担任的角色。

我们是谁？

基尔斯滕·F.莱瑟姆拥有人类学学士学位、历史管理和博物馆学硕士学位以及图书馆与信息管理博士学位。在她的职业生涯中，曾于多个博物馆岗位任职，包括某地方历史学会会长、城市博物馆藏品与研究部研究馆员、太空史博物馆藏品研究馆员、科学中心项目协调员、活态历史博物馆化装讲解员、堪萨斯大学博物馆研究项目执行主任，这使她与各种类型和规模的博物馆都曾有过密切接触。莱瑟姆还曾担任贝萨尼学院（Bethany College）、堪萨斯大学（University of Kansas）、北部州保护中心（Northern States Conservation Center）、密歇根州立大学（Michigan State University）和鲍灵格林州立大学（Bowling Green State University）的兼职教员。2010年，她接受肯特州立大学图书馆与信息科学学院（School of Library and Information Science，简称SLIS）助理教授一职，在这里她设计、开发并实施了基于信息视角的博物馆研究专业。

莱瑟姆在博物馆学、档案研究、活态体验、物质性及现象学研究方法等领域展开研究并发表了大量著述。其出版物包括:《藏品保管工作的隐形性》(*The Invisibility of Collections Care Work*, 2007)、《档案与体验:关于意义的沉思》(*Archives and Experience: Musings on Meaning*, 2007)、《博物馆的诗歌:博物馆精神体验之整体模式》(*The Poetry of the Museum: A Holistic Model of Numinous Museum Experiences*, 2007)、《博物馆物作为文献:使用巴克兰的信息概念理解博物馆体验》(*Museum Object as Document: Using Buckland's Information Concepts to Understand Museum Experiences*, 2012)、《事物的厚重:通过现象学之触觉探索博物馆课程》(*The Thickness of the Things: Exploring the Museum Curriculum through Phenomenological Touch*)(2011年,与艾利·伍德合著)、《物之体验:转化中的博物馆观众与物之碰撞》(*The Objects of Experience: Transforming Visitor-Object Encounters in Museums*)(2013年,与艾利·伍德合著)等。

约翰·E.西蒙斯(John E. Simmons)获有系统学和生态学学士学位,历史管理和博物馆学硕士学位。他的职业生涯始于动物园管理员,之后在加利福尼亚科学院(California Academy of Sciences)、堪萨斯大学生物多样性研究中心和自然历史博物馆(Biodiversity Research Center and Natural History Museum of the University of Kansas)担任藏品管理员,在堪萨斯大学任职期间还担任博物馆研究项目主任。目前,他在哥伦比亚国立大学(Universidad Nacional de Colombia)、朱尼亚塔学院(Juniata College)、肯特州立大学以及北部州保护中心做兼职教员,教授博物馆学;在宾夕法尼亚州立大学地球与矿物科学博物馆和美术馆(Earth and Mineral Sciences Museum & Art Gallery at Penn State University)做兼职藏品研究馆员;还经营一家国际博物馆咨询公司——Museologica(博物馆学)。西蒙斯曾获得美国博物馆联盟卓越志愿服务奖(Superior Voluntary Service Award, 2001),堪萨斯大学(University of Kansas)研究生杰出导师校长奖(Chancellor's Award for

Outstanding Mentoring of Graduate Students,2005），以及自然史收藏保护协会（Society for the Preservation of Natural History Collections）颁发的2011年度卡罗琳·L.罗斯自然历史藏品保管与管理杰出贡献奖（Carolyn L. Rose Award for Outstanding Commitment to Natural History Collections Care and Management）。他的主要出版物有：《爬虫学类的收藏和藏品管理》（*Herpetological Collecting and Collections Management*, 2002）、《生物藏品的养护、管理和保护》（*Cuidado, Manejoy Conservación de las Colecciones Biológicas*）（2005年，与亚内斯·穆尼奥斯－萨巴合著）、《大事小情：藏品管理政策》（*Things Great and Small: Collections Management Policies*, 2006）、《博物馆的历史》（*History of Museums*, 2010）、《观察与提炼——感知、描绘和对大自然的感知》（*Observation and Distillation—Perception, Depiction, and the Perception of Nature*）（2012年，与朱莉安娜·斯奈德合著）、《预防性保护在解决藏品管理潜在危机中的应用》（*Application of Preventive Conservation to Solve the Coming Crisis in Collections Management*, 2013）。

致 谢

编写一本教科书需要投入大量的工作。一路走来我们得到许多人的帮助，对此我们心存感激，衷心向所有参与者表示感谢。

首先，向我们的出版商美国书目中心 – 克利俄出版社（ABC–CLIO）致谢，感谢他们认可这本教科书的价值，并让我们常常处于忙碌又冲突的日程中自由安排时间撰写本书。

我们非常感谢科里·依安纳吉（Cori Iannaggi）、兰迪·布朗（Randy Brown）、埃米莉·威克斯（Emily Wicks）、艾利·伍德（Elee Wood）、泰瑞莎·格佛斯（Teresa Goforth），以及布拉德·泰勒（Brad Taylor）、布兰奇·乌斯（Blanche Woolls），还有一位对书稿提出批评和有益建议的匿名评论者。也要感谢约翰·古安（John Gouin）（在绘图方面）创造性的图形阐释，感谢朱丽安·斯奈德（Julianne Snider）协助完成了照片的挑选和排版。

K. F. 莱瑟姆：我要感谢肯特州立图书馆与信息科学学院的同事和朋友们，感谢他们长达两年来耐心听我谈论此书，也感谢来自肯特州立大学以及之前的所有学生，他们不间断的反馈和提问帮助我形成了本书的结构和形式。也要感谢远见卓识的约翰·阿加达（John Agada）、格雷格·拜尔利（Greg Byerly）和卡罗琳·布罗迪（Carolyn Brodie），是他们将博物馆研究纳入图书馆与信息科学领域，同时也相信我能有所作为。特别感谢在过去二十多年里我在各类博物馆工作期间的同事们，是他们教会了我如何理解博物馆的运作方式以及博物馆的方方面面。如果没有我的出色合著者约翰·西蒙斯，这本书是不可能完成的。在我进入博物馆领域以来，他差不多一直是我的老师、导师和同事。最重要的，我要感谢我亲爱的丈夫马克（Mark）和可爱的孩子卡兰（Callan），尽管他们更愿意谈论考古、篮球、《神秘博士》（Doctor Who）或《神探夏洛克》（Sherlock），但他们一直都在耐心倾听我喋喋不休地谈论博物馆研究。

J. E. 西蒙斯：感谢朱莉安娜·斯奈德（Julianne Snider）在本书撰写过程中给予的建议、帮助和耐心。没有她坚持不懈的帮助和支持，我恐怕无法完成我的那部分内容。我非常感谢基尔斯滕·F.莱瑟姆聘请我去肯特州立大学讲授博物馆学，并向我介绍了伊沃·马罗耶维克（Ivo Maroević）① 的理念，最重要的是邀请我参与本书的撰写。教学是我从未想过的事情，但是我非常感激有机会向学生们传达我对博物馆的痴迷。在博物馆和课堂（模拟和虚拟）近四十年的工作反复证明了一件事：授课的老师总能够比受业的学生学到更多。

---

① 译者注：伊沃·马罗耶维克（Ivo Maroević）是克罗地亚艺术史学家、博物馆学家，1977—1985 年任国际博物馆协会博物馆学委员会（ICOFOM）副主席。

目 录

第一部分

导 论

第一章 博物馆（和博物馆研究）的定义

什么是博物馆？

在探究博物馆研究的来龙去脉之前，有必要确定一些基本的定义。大多数人可能对什么是博物馆略知一二，但仔细想想，这并不是一个简单、清晰的问题。这里讨论的灰色地带是博物馆的决定性因素 —— 复杂与多样的属性使博物馆成为社会中的独特机构。本章首先探讨博物馆（museum）一词的词源，然后检验该机构的一些现有定义，最后得出贯穿本书的工作定义。本章后半部分将讨论博物馆研究作为学术领域的参数。

Museum（博物馆）的词源

英文 museum 一词源于希腊语 mouseion，意为缪斯女神（muses）居住的地方。缪斯女神是一群姊妹女神，司掌文学、科学和艺术，被认为是诗人、音乐家、历史学家、舞蹈家、天文学家等的知识源泉。尽管缪斯神庙（Temple of the Muses）即 Mouseion，是由托勒密·索托尔（Ptolemy Soter）① 于公元前 3 世纪在亚历山大城（今埃及）建立的机构，

① 译者注：托勒密·索托尔（Ptolemy Soter）是托勒密王朝或称托勒密埃及王国的建立者，即托勒密一世。

但以今天的标准看，它更像一所大学而非博物馆，它代表了"物与学习"（objects and learning）的第一次正式关联。尽管缪斯神庙不是现代意义上对公众开放的机构，它只向那些学识渊博的教授及其学生开放。

当博物馆（museum）这个词出现在 15 世纪时，指的是意大利佛罗伦萨美第奇家族（Medici family）收藏，有人认为美第奇家族是博物馆的首创者（Hooper-Greenhill, 1992）。英文博物馆（museum）一词的首次使用可追溯至乔治·桑迪斯（George Sandys, 1578—1644 年）1615年出版的一本游记中的亚历山大城缪斯神庙遗址："那座由费拉德普斯（Philadelphus）建立的著名博物馆"和"那座大名鼎鼎的图书馆"（亚历山大图书馆）。从 17 世纪起，museum[①]一词就被用来指代收藏和展示"物"的机构。

定义博物馆

请注意，尽管"博物馆"一词有很多定义，但关于什么使博物馆成为博物馆这一点并没有在那些在博物馆工作、与博物馆有关、研究博物馆的人之间达成普遍的共识。纵观历史，人们一直在质疑博物馆的宗旨，时至今日仍然如此。其实原因很简单，因为博物馆是动态的机构，会随时对社会趋势、信仰和文化范式作出回应。因此值得注意的是，博物馆的定义并不是一成不变的，关于如何定义博物馆至今仍未达成一致。因此，在选定一个定义之前，认真讨论各种定义就非常重要。为了得出本书中博物馆的工作定义，我们评估两组描述：① 专业组织对博物馆的定义；② 博物馆模型。

---

① 译者注：19 世纪中期以来，到过西方的中国人开始接触外国博物馆，他们把 museum 译成博物馆（博物院）。自此以后，博物馆之称逐渐通行于中国。

专业组织的定义

在定义什么是博物馆时，很多人寄望于权威专业组织给出指引。专业协会作为组织机构，成立的目的是团结和影响从事同一职业的人，帮助建立并维护行业标准，同时作为专业团体与各方进行沟通，并在与其他团体讨论时表达该行业的共同信念。以下将审视来自全球范围内的核心博物馆组织的几个定义。

这是目前国际博物馆协会（International Council of Museums）在《国际博协章程》（ICOM Statutes）（2007 年第 21 届大会通过）中对博物馆的定义：

> 博物馆是一个为社会及其发展服务的、向公众开放的非营利性常设机构，为教育、研究和欣赏的目的征集、保护、研究、传播并展出人类及人类环境的物质及非物质遗产。

美国博物馆联盟（American Alliance of Museums，简称 AAM）（前身为美国博物馆协会，即 American Association of Museums）并没有一个官方的博物馆定义，但将考古公园（见图 1.1）、动物园（见图 1.2）和植物园（见图 1.3）等机构视为博物馆。不过，美国博物馆联盟认证委员会（AAM accreditation committee）确实有一个从 20 世纪 70 年代起沿用至今的博物馆定义：

> 博物馆是一个有组织的、永久性的非营利性机构，本质上是以教育或审美为目的，有专业的工作人员，拥有或使用有形物品，保管并定期向公众展示它们。（引自 Alexander and Alexander, 2008）

在美国博物馆联盟（American Alliance of Museums, 2013）认证标准清单中，我们可以进一步了解该组织的博物馆概念，其中指出，博物馆

图 1.1 作为博物馆的考古遗址：泰国披迈历史公园（Prasat Hin Phimai Historic Park, Phimai, Thailand）。

（摄影：作者）

图1.2 动物园是博物馆吗？在澳大利亚悉尼塔龙加动物园（Taronga Park Zoo in Sydney, Australia），长颈鹿享受着阳光明媚的一天。 （摄影：作者）

图1.3 植物园是博物馆吗？荷兰莱顿的霍图斯植物园（Hortus Botanicus in Leiden）是世界上最古老的植物园之一。 （摄影：作者）

必须：

- 是合法组织的非营利性机构，或是非营利性组织，或政府实体的一部分；
- 本质上具有教育属性；
- 具有正式声明并有获得认可的使命；
- 使用和阐释实物和 / 或作为定期向公众推出活动项目和展览的展示场所；
- 制定正式且适当的程序，对藏品和 / 或物进行建档、保管和使用；
- 在实体设施 / 场所首要履行上述功能；
- 至少已对公众开放两年；
- 每年向公众开放至少 1 000 个小时；
- 80% 的永久收藏已入藏登记；
- 至少有一名具备博物馆知识和经验的带薪专业工作人员；
- 有一名全职馆长，负责日常运营；
- 有充足的财政资源，以确保有效运转。

加拿大博物馆协会（Canadian Museums Association, 2013）给出了另一个定义：

> 博物馆是为公众利益而建立的机构。它们吸引观众的到来，培养并提升观众加深对文化和自然遗产的理解、欣赏和分享。博物馆征集、保护、研究、阐释和展示人类社会与大自然有形与无形的物证。作为教育机构，博物馆为批判性探究和调查提供了一个实体论坛。

英国博物馆协会（United Kingdom's Museums Association, 2013）阐述如下：

博物馆能够使人们去探索藏品并从中获得灵感、知识和享受。它们收藏与保护以信托形式为社会保管的人工制品和标本，并向社会公众开放。

虽然并非出自专业组织，但我们可以在美国授权建立的联邦博物馆服务研究所（Institute of Museum Services）（现为博物馆与图书馆服务研究所）（Institute of Museum and Library Services, IMLS）的立法中找到一个博物馆的法律定义：

博物馆是一个公共或私立的非营利性常设机构，本质上具有教育或审美目的，雇佣专业人员，拥有或使用有形物品，保管并定期向公众展示它们。（1976年《博物馆服务法》）（*Museum Services Act,* 1976）

所有上述定义既有某种模式或相似之处，又存在些许差异。"公众"（public）无处不在，无论是展览、教育还是娱乐 —— 博物馆所做的一切都是为了公众的利益或迎合公众的兴趣。另一个主题是需要进行保管、阐释和保护物证的概念。出现在大多数专业定义里的最后一点是，博物馆的活动都是由训练有素的员工以定期且持续的方式进行推进的。

博物馆模型

上述定义非常有用，但它们过于简单直接，在细微差别和细节描述上略显不足。博物馆是高度复杂的机构，因此需要更多的细节描述来形成一个适用于本书的定义。为了简化这个复杂的问题，我们按照两大类别 —— 功能和类型 —— 将博物馆从相似的机构中甄别出来。以下是博物馆的一些常见功能和类型：

功能：收藏、保护、教育、阐释、展示、研究、服务。

类型：艺术博物馆、艺术中心、人类学博物馆、水族馆、树木园、植物园、儿童博物馆、植物标本馆、历史博物馆、历史建筑、自然史博物馆、科学中心、科学与技术博物馆、天文馆、画廊、动物园。

分类和归类是人类的天性，因此每一种类型的博物馆都发展出自己的特点和文化。举例来说，尽管没有绝对单一的方法来描述艺术博物馆，但艺术博物馆有一些使他们有别于其他博物馆的共同点。艺术博物馆的藏品与动物园或历史博物馆的藏品大相径庭。艺术自有其有趣的议题，包括特定作品的意义、作品与艺术家的关系以及审美主张等问题。其他博物馆也是如此。例如，自然史博物馆收集世界上的自然物证，随之而来的是分类、生物学研究以及截然不同的存储问题。

同时，所有博物馆都有相似的功能 —— 如藏品的收集、编目、保管以及为公众阐释藏品等。因此，尽管存在着差异，但即便是各种类型中差别最大的机构也有相同点。

亚当·戈普尼克（Adam Gopnik）的一篇文章发人深省，该文章提出了一种有趣又与众不同的博物馆模型学说，让我们得以洞察博物馆的动态本质。在《正念博物馆》（The Mindful Museum, 2007）一文中，他描述了五种博物馆类型，并在历史进程中予以审视：

作为陵墓的博物馆（museum as mausoleum）—— 这是一个去看旧东西的地方，作为唯美主义者或学者去发现自己；最重要的，这是一个与过去有关的地方；对个人来讲是一种无声的体验。

作为机器的博物馆（museum as machine）—— 所谓机器不是指机械性的东西，而是指生产性的东西；在这里你能够被改变、可以学习（当下的新知识）；你会变得见多识广、有学识；这是一个安静的、有意义的教学场所。

作为隐喻的博物馆（museum as metaphor）—— 奢华、华丽、浪漫；博物馆不再追求受众，而是为我们提供了一个重要的社交舞台。

作为商场的博物馆（museum as mall）—— 专注于娱乐消遣；这里

人满为患，过度商业化；藏品成为商品。

作为正念的博物馆（museum as mindful）—— 有意识地自我觉察；率先和首要关注博物馆所藏物；物是体验的内在因素；鼓励对话，但不强制性传递信息。

戈普尼克的观点是博物馆应该努力坚持正念。不管你是否同意其主张，但目前为止有一点是非常明确的，即博物馆很复杂，而且确实没有单一的博物馆类型，也没有单一的模型可以描述所有的博物馆。在当今世界，博物馆必须具有适应性，并可能向不同的观众提供多种不同的服务。了解博物馆的功能是一回事；理解馆藏类型是另一回事；博物馆的模型 —— 作为陵墓、机器、隐喻、商场或正念冥想 —— 最终都将取决于时间、展览主题、员工、受众以及活动项目。从某种角度来看，每一种博物馆类型都可以用来描述同一家博物馆。

博物馆的法律组织

在继续推进本书所用工作定义之前，我们必须研究博物馆作为法人实体的属性。在美国，博物馆既可以是公共机构，也可以是私立机构。这种区别很重要，因为它决定着是谁拥有藏品，以及是谁对藏品保管负有法律责任。私立博物馆由个人创立，由受托人委员会和博物馆高级管理人员管控，而公共博物馆则由联邦、州或地方政府建立并管理。

大多数私立博物馆都是非营利性的免税组织；由受托人委员会成员管理；组织形式为信托、协会或公司。非营利性意味着该机构可以免除大部分税款；其运营是为了已声明的特定的宗旨；其盈利将会投资于该机构本身。与之相反，营利性私立博物馆的收入则支付给博物馆的所有者或股东。非营利性博物馆与营利性博物馆的主要区别在于，非营利性博物馆以公共信托方式拥有藏品，而营利性博物馆的藏品则是公司的合法资产，可以出售（而且其收益可以支付给博物馆的所有者或股东）。

要研究博物馆，理解信托、协会以及公司之间的差异很重要。信托是受托人为了信托受益人的利益，以管理信托财产为义务的一种安排。在博物馆层面，信托意味着受托人（受托人委员会）有法律义务（和权利）去妥善管理博物馆（信托财产）。协会是由一群拥有共同目标的成员组成的非法人组织。一般而言，协会不能接受或持有财产。公司是根据某一州的法律创建和运营的法人实体，可以通过类似于个人拥有财产的方式来获取财产。公司董事会与信托受托人的法律责任不同，公司董事会有义务忠于公司，而受托人委员会有义务忠于信托的意图（Phelan，2014）。事实上，这意味着在如何经营博物馆这一方面，作为信托组织的博物馆委员会不能像作为非营利性公司组建的博物馆那样灵活，因为信托条款限定了受托人委员会能做的事情。大多数美国的博物馆是以非营利性公司的形式组建的，并以公共信托方式拥有藏品。

工作定义

玛丽·亚历山大和爱德华·亚历山大指出，博物馆多重性定义似乎都介于作为物品库房的博物馆与作为学习场所的博物馆之间。的确，从上述所有定义元素中可以看出，当代的博物馆必须设法在这两个重要的角色之间取得平衡。为了更加清晰地表述这两个方面，基恩（Keene）将博物馆定义为"一个建立并永久维护不可替代和有意义的物质资源，并利用它向公众传播思想和概念的系统"（2002, 90）。在基恩看来，博物馆不仅仅拥有物，它也是一个向每个人开放的地方，因为这些具有可及性的事物在输入和输出系统中发挥着作用，这些系统涉及特定的程序并需要考虑来自外部世界的压力（见图1.4）。

正如基恩所指出的，博物馆不是一座孤岛，它存在于一个由社会期望、过去传统以及不同层次的意义相互交织而组成的复杂的网络之中。因为基恩的定义考虑了所有这些因素 —— 系统、外部影响、输入（物和信息）、输出（展览、活动项目）、人，所以本书将通篇使用基恩的定义讨论博物馆。

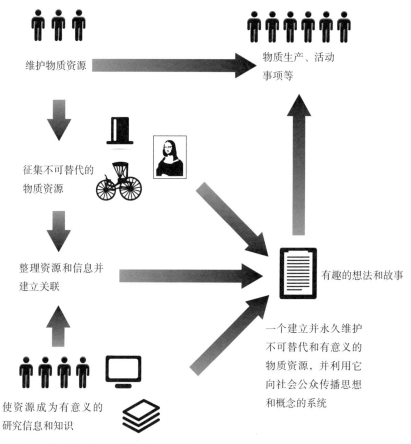

维护物质资源

物质生产、活动
事项等

征集不可替代的
物质资源

整理资源和信息并
建立关联

有趣的想法和故事

一个建立并永久维护
不可替代和有意义的
物质资源，并利用它
向社会公众传播思想
和概念的系统

使资源成为有意义的
研究信息和知识

图1.4　基恩的博物馆系统模型。[选自基恩（Keene, 2002）]

> **博物馆**：一个建立并永久维护不可替代和有意义的物质资源，并利用它向公众传播思想和概念的系统。

　　要记住，这并不是博物馆的完美定义；还有一些值得商榷的部分，比如永久性的概念和看似单向的传播性质，这些将在本书的其他章节进行讨论。接下来，我们审视这个定义的两个组成部分：公众和有意义的物质资源。第三章将进一步探讨构建和维护这些组成部分的系统。

公众

博物馆的存在是为公众服务的，这一点似乎是不言而喻的。但是，如果博物馆的确是为公众服务而存在，那么它们是怎么做的？公众又是谁呢？是什么使一些博物馆成为公共博物馆，而另一些则成为私立博物馆 —— 两者实际上都是为公众服务的吗？这些不是毫无意义的问题，因为博物馆受托人委员会有时候没有尽职尽责，忽视了对作为公共信托的博物馆的妥善管理；一旦发生这种情况，受托委员会应该依法承担其失职之责。了解"公众"一词在本定义中的含义是至关重要的，这对于理解公共信托的概念以及博物馆在社会中的社会责任有所裨益。

什么是公共信托？

自民主出现以来，为了公众利益而举办活动的理念就成为一个广泛使用（尽管很复杂）的概念。虽然公共信托的理念并非美国独有，但与大多数国家相比，它在美国公共机构中发挥的作用更为重要。在美国，公共信托的概念是博物馆定义的核心。从博物馆的角度出发，可以从两个方面来理解公共信托：法律上（作为普通法方面）和概念上（作为一种伦理关注）。

非营利性博物馆与公众有一种信托关系，也就是说博物馆为他人（公众）的利益拥有并管理财产（藏品）（Malaro and DeAngelis, 2012）。这种关系意味着任何个人都不能利用财产谋取私利，而这些资产只能让信托受益人这一群体受益。博物馆的行政人员是受托人（trustees），公众是受益人（beneficiaries）。马拉罗和迪安杰利斯（Malaro and DeAngelis, 2012）强调，根据法律标准，博物馆对其受益人负有妥善保管、忠诚和服从的义务。因为博物馆的存在是为了保护、保存和增加信托资产，所以美国的博物馆被认为是以公共信托方式（in the public trust）运营的机构。这种关系与公共信托的第二层含义（作为一种伦理关注）

紧密相关。

美国的公共信托博物馆秉持公共服务的理念：博物馆以公共信托形式持有藏品，并服务于设立博物馆之初的受益人［如《美国博物馆联盟职业道德准则》（AAM Code of Ethics）所述］。但是，维护公共信托责任意味着不仅仅需要遵守法律。它意味着博物馆必须忠于使命，必须赢得公众信任所必需的尊重和诚信。这就是道德准则的作用所在。职业道德是基于经验并通过经验的检验完善而形成的行为准则。道德准则的宗旨是将专业实践水平提高到法律标准之上。为博物馆专业人士制定道德准则的理念最早可追溯到1892年，史密森学会（Smithsonian Institution）时任秘书长乔治·布朗·古德（George Brown Goode）提出建议：博物馆应该制定正确的道德行为和职业准则。

1925年，美国博物馆协会通过并颁布了第一个正式的博物馆专业人员道德准则，即《博物馆工作人员道德准则》（Code of Ethics for Museum Workers）。它是基于博物馆工作人员的实践智慧和集体经验编制而成。美国博物馆联盟准则于1987年进行了修订，并于1993—1994年再次修订。另一个重要的博物馆道德准则是《国际博物馆协会准则》（ICOM code），首次颁布于1986年，后于2004年修订，该准则被美国以外的博物馆广泛遵循和使用。

社会责任

一个长期困扰博物馆，尤其是公共博物馆的问题是：博物馆应该在社会中扮演什么角色？博物馆应该只是通过存储、保存和展示物品并向公众提供基本信息的被动的知识持有者吗？还是博物馆应该在把问题（有时是有争议的问题）广而告之方面发挥积极作用呢？博物馆应该成为提出问题、启发和产生新知识并激发对话的催化剂吗？

就当今博物馆机构的作用和价值而言，社区和社会责任变得越来越重要。社区责任（community responsibility）是指更多地参与地方社区的事务。许多博物馆越来越多地参与社区活动，作为回报，它们也要求社区更多地参与博物馆活动。当地居民（既是观众也是志愿者）的支持会导致迥然不同的结局，甚至可能会决定博物馆开放或关闭的命运。依据博物馆的类别，资金来源可能完全是本地的，而与邻里建立良好关系可能有助于提升该区域的长期价值。

社会责任（social responsibility）是指一个更大的目标，意味着对博物馆的所有受众（包括现在及未来）负有国家的或文化的责任。一些博物馆已开始将其在社会中的角色视为一个积极抛出问题的实体，一个质疑假设和提出问题的地方。一些博物馆甚至把自己定位为有意解决有争议问题的地方。过去，美国的许多博物馆在遇到争议时都采取某种消极的态度：要么远离热点问题，要么只摆出"事实"，即故事中较为安全的部分。如今，一些博物馆继续采用这种方式，但有些博物馆则选择通过刻意设计有争议的展览来激发对话。

有意义的物质资源

博物馆是世界自然与文化公共资源的管理者，因此，博物馆必须增进对这个多元化世界的理解和欣赏，并对其进行妥善保存。很多人倾向于将博物馆与特定的主题、内容或学科联系起来，但是从上述关于博物馆定义的探索中可以看出，主题并不是全貌。重要的是收集某一时期、地点、类型或关联的物品，并与博物馆至关重要的使命相关。然而，有意义的物质资源不仅仅是主题：为了成为博物馆，机构必须拥有或使用物品，以某种方式向公众提供对这些物品的访问，并定期公开展示这些物品。这些物品本身形塑了博物馆。其他机构不会像博物馆那样把实体的、三维的藏品置于其功能的核心位置。

这种定位使博物馆成为社会上的一个独特机构。即便如此，有关博物馆的定义的争议仍在继续，尤其在数字时代。下面的讨论将介绍几个在博物馆领域备受争议的藏品议题：博物馆是否需要拥有实物收藏品？这些物品在博物馆情境中意味着什么？虚拟技术在物质世界中扮演何种角色？

需要藏品吗？

作为博物馆的决定性特征，藏品的存在与否多年来在博物馆界一直争论不休。很多并不拥有但却展示藏品的机构，因其举办的活动项目所具有的阐释、教育和公共特性被视为博物馆；毕竟，这些机构使用物品完成了这项工作。这就引出了一个问题：一个机构必须拥有藏品才能成为博物馆吗？或者使用物品（收藏的个体）也算数吗？比如科学中心呢？这样的机构通常以"动手做"（hands-on）的活动为中心，旨在指导观众了解物质世界的某些层面。但通常情况下，它们所拥有的物品就是为教授各种概念而专门制作的复制品、模型以及互动装置。然而，这些展览充满了用于演示这种概念而使用的物质的、三维的展示形式。换句话说，这些机构使用物品及有意义的物质资源，来向公众传播思想和概念。即使这些机构中的物品不是被保存下来的，也不是某个时代、文化或物种的特殊代表，但它们是传播博物馆观念不可或缺的一部分。归根结底，科学中心使用物品向观众传递思想（use objects to convey ideas to their audiences）。然而，在基恩的定义中，这些物质资源必须是不可替代的。这是必要的吗？还是说使用可替代的物品同样有效呢？

有些机构拥有物品，但是这些物品不会立即被视为藏品的组成部分，或很难将其称为物品。例如，动物园收藏动物。动物园是博物馆吗？动物园收集并系统地照料其藏品（尽管是活物），向公众宣传它们，并定期向公众开放。

然而，另一种潜在的博物馆类型是那些虽拥有藏品，但却不对公众开放的机构。举个例子，加利福尼亚大学伯克利分校（University of

California in Berkeley）的古脊椎动物学博物馆（Museum of Vertebrate Paleontology）拥有数以千计的化石标本，但因其没有向公众开放的陈列展览而不被视为博物馆（根据大多数的定义）。博物馆的网站上有虚拟展览，但却没有实体展览。对此，有些人争辩说，根据基恩的定义，拥有了网站，藏品就具有公众可及性，在向公众传播思想和概念方面，虚拟展览与三维展览是相同的。

可及性与意义

在当今世界，图书馆、档案馆和博物馆的许多关键问题都归结为可及性与意义之间的对抗。数字革命使人们在人类历史上比以往任何时候都有可能获取更多的东西。例如，档案机构可以将其资料进行数字化处理，并放在网站上供世人访问。如果你在南非开普敦整理你的家谱，你可能不必飞越8800英里前往美国弗吉尼亚去查找关于你的曾曾祖父在1895年移民美国的事情。如果弗吉尼亚的档案机构已经将相关的材料数字化并可以在线访问的话，那么你就可以在开普敦家中的餐桌上访问。这种不可思议的可及性给人一种自由感，但是有证据表明，在线访问资料与实际体验资料是不同的——实体访问为使用者提供了一种不同的信息。例如，达夫和切里（Duff and Cherry, 2000）发现，人们区分了从实际文件和文件的数字图像中获取信息之间的不同。他们的报告称，在使用原始纸张、缩微胶片和数字格式的参与者中，41.3%最喜欢纸质形式。有人这样说：如果你与实物同处一室并能将其拿在手中，那么体验就会有质的区别。这些实物体验通常对人们来说更有意义，并且可以在记忆、感知和情感上留下深刻的印象。莱瑟姆（Latham, 2009; 2013）最近的研究发现，当看见博物馆物本身而非其表现形式时，人们对博物馆物的深刻体验就更有意义。在上述例子中，人们对快速而方便获取信息和意义深远且富有深度关联的体验进行了区分，发现这两者似乎分别处于光谱的两极。

作为一个实例,"谷歌艺术计划"(Google Art Project)揭示了可及性与意义的复杂性。通过该计划,来自世界任何地方的任何人都可以获权访问全球各地的绘画作品,而且可放大观看,甚至能够比普通观众实际站在艺术品面前更靠近。尽管观看者与实物不在同一个物理空间,但是通过"谷歌艺术计划"可以实现一定程度的亲密接触,而这一点在真正的艺术品面前是很难实现的。"谷歌艺术计划"允许使用者将绘画作品无限缩放,甚至可以看到笔触(这是一个重要特征,在莱瑟姆的研究中探讨有意义的实际体验时提到过)。尽管尚未证明这是否为使用者创造了相似的意义,但与以往其他数字可及性相比,它的确提供了一种更深一层的可及性。

虚拟博物馆

围绕虚拟博物馆的概念存在许多争议。这不是一个简单的问题,因为在博物馆情境中被认为是虚拟的东西实际上分布在一个连续统一体(continuum)之上,即从在线可及的数字化藏品到利用高科技手段使人感觉仿佛置身于博物馆的沉浸式体验。几年前,很多博物馆加入了《第二人生》(Second Life)[①]浪潮,利用它们所认为的新途径去吸引待开发的观众。很多这样的冒险并没有多大的价值,而且这些虚拟博物馆也很少能经受住考验。尽管如此,一些人还是担心虚拟博物馆终有一天会取代博物馆的实体版。这种担忧似乎正在消退,因为很明显,人类仍然需要在面对实物时进行现实及社会的互动。还有些人则认为较之于虚拟展示,实体博物馆 —— 建筑、物、人和展览 —— 对社会来说永远更加重要。很难预测将来会发生什么,因为年轻一代在成长过程中更加习惯于虚拟和数字访问。

当科技可以使人们更深入、更多样地访问博物馆及其藏品时,这将

---

① 译者注:《第二人生》是一个基于因特网的虚拟世界,2003 年 7 月由美国旧金山林登实验室(Linden Research)发行的一款网络游戏。在 2006 年末和 2007 年初由于主流媒体的报道而受到广泛关注。

如何影响实体博物馆的未来呢?

　　制作虚拟展览比实体展览更加便宜而且也许更容易(或至少更快)。物品的数字化存储远比物理存储便宜得多,因为后者需要基础设施、人工和维护。如果考虑这样的效益,虚拟或数字形式确实很诱人。但是,如上所述,实物收藏所提供的某些东西是无法从数字形式里找到的。有几项研究指出了欣赏真实的东西(例如:Moore, 1997; Reach, 2004; Latham, 2014)并且置身于由文物、设计、灯光、色彩和声音组成的完整展览中的重要性。此外,福尔克和迪尔金(Falk and Dierking; 1992; 2000)等人的研究表明,博物馆学习深受参观过程中观众的社会文化情境的影响,但虚拟参观几乎总是缺乏这种体验维度。关于实体博物馆和虚拟博物馆引发的讨论尚无定论,但对于任何一个即将进入博物馆领域的人来说,这都是一个需要进行认真而全面思考的重要问题。

什么是博物馆研究?

　　博物馆研究是一个广泛、多学科交叉、涉及理论与实践的领域。这是一个分享共同价值观的共同体,允许各个分支相互渗透,并通过对潜在相似性的共同关注来维护和滋养彼此之间的联系。在图书馆与信息科学(LIS)领域,这被称为话语共同体(discourse community)。正如定义博物馆很复杂一样,围绕博物馆研究的术语也同样复杂。在英语世界,museology 的传统含义指的是对博物馆的研究。然而,在国际应用中,museology 通常指的是"任何与博物馆相关的事物"(Desvallées and Mairesse, 2010),其中包括博物馆研究。在英语中,museography 的传统定义是对博物馆内容的描述(博物馆志),但在国际应用中,museography 是指博物馆学(museology)的实践(应用)层面(博物馆方法学),或"为完成博物馆运营而开发的技术"(Desvallée and Mairesse,

2010）。就本书而言，博物馆研究既包括博物馆学（museology）（理论）又包括博物馆方法学（museography）（实践）。

博物馆研究 = 博物馆学（理论）+ 博物馆方法学（实践）

接下来，我们首先分析博物馆研究的特征，博物馆专业人员的培养，以及该领域中理论与实践的关系，然后探讨博物馆研究作为一门科学的概念以及该领域的专业术语。

博物馆研究领域的特征

博物馆作为机构的复杂性和多样性已经被证明。这种复杂性在研究博物馆、培养专业人员的领域继续存在。博物馆研究跨越许多学科，包括理论和实践两个方面，其特征是历史持续推动博物馆专业人员的培养及其探索。与其视域内的博物馆类型与功能一样，博物馆研究领域也是动态的、多样的。虽然很难对博物馆研究的特征作出一个全面的描述，但博物馆研究（和关涉其中的机构）有几个核心特点，这些特点推动和塑造了该领域内探索的性质。总体而言，博物馆研究有以下六个特点：

- 它本质上是跨学科的。
- 它是理论与实践的结合。
- 它承认许多在博物馆里开展的工作是隐秘的或被视为理所当然的。
- 它所研究的博物馆共同体规模小、结构紧密，但又细分了许多传统类别。
- 网络化及自由开放的信息共享是博物馆共同体的特征。
- 鉴于太多的藏品是以公共信托方式持有，博物馆共同体力求提高透明度和加强问责机制。

该领域的概念模型整合了许多迥然不同的博物馆研究元素（实践、培养与教育、学术研究，以及其他学科的教育），如图 1.5 所示。

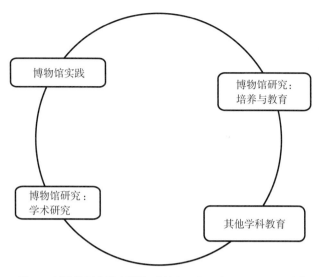

图 1.5 博物馆研究概念模型。［摘自西蒙斯（Simmons, 2006）］

尽管在美国博物馆界内部，对博物馆研究学位是不是该行业最佳职业培养方式仍存在一些分歧，但博物馆研究项目在美国及国际上的流行表明，博物馆学这一学术学科现在得到了高度重视。为了回应博物馆工作应该在实践经验框架中还是在学术研究框架中获得真知的困境，许多博物馆研究项目都试图通过课堂和动手体验相结合的方式将两者整合到一个强调跨学科方法、研究、理论与实践的模型中。

博物馆研究的理论与实践

为什么博物馆研究需要理论？博物馆研究需要自己的专业术语吗？理论为思想和概念的分析与综合提供了参考框架，为比较与对照提供了手段，为严谨分析提供了背景。理论往往被视为实践的对立面，但事实上，实践应该是理论的应用，而理论则应该深入实践去了解要提出什么问题。理论与实践之间的对立"与西方哲学本身一样古老"（Macey, 2000, 379）。在现代实践中，作为怀疑主义和经验主义的替代性分析手段，博物馆理论在20世纪50年代和60年代建立起来。如果没有实践，理论将没有用武之地；如果没有理论的概念性研究作为借鉴，实践又将如何继续成长、演变和进步呢？

多年来，博物馆一直沉浸在如何收集、保存、研究和展示物品的实践应用中（Maroević, 2000）。蒂彻（Teather, 1991）认为，许多博物馆研究都不是从博物馆研究领域的思想和方法中形成的，而是在没有学术框架（或借用其他学科框架）的情况下以初级研究的形式而存在。即便如此，博物馆从业者也不倾向于接触理论，即使接触了，他们往往也对那些在其工作生涯中可能难以理解的术语感到不适。

自从二十多年前蒂彻指出缺乏一个学术框架以来，博物馆理论发生了很大变化。无论是博物馆领域专著的数量，还是涌现出来的研究种类都表明，博物馆领域正在塑造自我维持的工作体系。此外，研究（例如，Rounds, 2001）表明，该领域并没有显示出提出博物馆理论的人（专业学者）与从事实际博物馆工作的人（从业者）之间分裂的迹象；相反，他们都分享并使用彼此的工作成果。

博物馆专业人士似乎对博物馆研究的意义达成了共识，即使这种意义仍然是隐形的。同时，该领域根据内容（类型）和实践（工作）被细分为若干不同的分支，形成了各自的特征和知识网络。这并不是说这些分支群体之间没有交流。值得注意的是，尽管该领域可能被划分为许多专业分支，但是这些分支在实践和理论上都是相互关联的。

这种划分的核心是有意识的策划。那些没有工作哲学、痴迷于技能和技术的博物馆从业者在工作中显得比较盲目。在博物馆工作中，理论或概念性思维的重要性体现在对如何开展工作的有意识选择和认识上，这将把博物馆工作提升到一个不同的高度。这意味着理论与实践在一个反馈循环中相互哺育、相互滋养。

博物馆研究是科学还是艺术？

科学与艺术之间的区别是令人困惑的，因为不同的人对这两个词的理解截然不同。广义上讲，科学是指系统的、有组织的、遵循客观原理的应用；相比之下，艺术是指非系统的、创造性的努力。马罗耶维克（Maroević, 1998）将这种二分法扩展到文化信息和科学信息之间的区别，他认为文化信息是综合性的，科学信息是分析性的。在这个更广泛的意义上，博物馆研究（具有理论基础）是一门科学；相比之下，博物馆的大部分实践可以说是一门艺术。

那些认为博物馆研究不是一门科学的学者指出，博物馆研究主要由实践工作组成，因此没有独特的理论体系。关于博物馆研究是不是一门科学的争论延伸到了另一个问题，即博物馆研究是否可以被称为一门学科。自博物馆研究在 20 世纪初进入学术领域以来，这场争论几乎一直在激烈地进行着。1991 年，蒂彻呼吁停止这一"令人厌倦"的争论，声称这样的争论事与愿违，已偏离了人们对该研究领域的实质性讨论。蒂彻的观点非常重要，因为如上所述，博物馆研究包括理论和实践。然而，尽管事实已经反复证明博物馆研究是一门建立在其自身跨学科概念知识体系基础上的科学学科，但辩论仍在继续（这方面的证据包括越来越多的出版物和越来越多的学者，他们将博物馆本身而非博物馆的内容作为主要的研究对象）。

科学是对世界进行系统而有组织的探究，所以博物馆研究是一门科学，而且有一个明确界定的研究领域。以"博物馆现实性"（museality）（详见下文）为探究的核心，博物馆研究拥有大量与该主题切实相关的文献资料，以及一群致力于提出博物馆学问题的学者，他们发挥自身优势并利用其他领域的理论（学术理论、设计理论、信息科学，等等）孜孜以求，既以实践为生，又从实践中学习。

"M"字头词汇：博物馆现实性（Museality）、博物馆化（Musealization）和馆藏文物（Musealia）

对于一个讨论专业对话中出现的独特概念的领域来说，专业术语是至关重要的。尽管（由于其高度跨学科的性质）博物馆研究的很多术语来自其他领域，但有几个重要的概念是从博物馆研究中发展出来，并产生了新的词汇。20世纪70年代，博物馆研究这门新科学在欧洲博物馆学界开始得到发展。在这一探索过程中，所阐述的概念包括博物馆的（museal）、馆藏文物（musealia）、博物馆化（musealization）和博物馆现实性（museality）等词汇。这些术语在欧洲和拉丁美洲的博物馆研究著述中已变得非常重要。museal的意思是"博物馆的"（of museums），用于描述所有与博物馆有关的事物。museality（博物馆现实性）是指"在一个现实中记载另一个现实的东西的特征"（Stransky[①] in Van Mensch, 1992）。*Museal*可以用作形容词来修饰事物的某些方面，或者描述作为一个机构的博物馆在创建、发展和运营中所涉及的相关范畴（博物馆域）。musealia（馆藏文物）是指作为人类遗产的物品，即那些被挑选出来记录某些事件、人物、时间或思想的东西（馆藏文物包括人工制品、生物标本、历史遗迹等）。musealization（博物馆化）描述的是物成为馆藏文物的过程。在提到"现实的特殊方面"（specific aspect of reality）（Stransky in Van Mensch, 1990）时，博物馆现实性（museality）的概念被用作一个理论上的参考点，旨在为思考文化之物（objects of culture）提供框架。这个概念有助于理解馆藏文物的作用、收藏的意义以及人类对事物的体验。然而，有关博物馆的事物（museal things）不一定只有在博物馆中才能找到；"博物馆的"（museal）可以指博物馆之外但已被博物馆化的事物，例如纪念碑、遗址、建筑，甚至城市。这套术语（在

---

① 译者注：ZBYNĚK STRÁNSKÝ，希贝尼克·斯特兰斯基，捷克博物馆学家。ICOFOM一直认可斯特兰斯基是中欧地区一位重要的博物馆学理论专家。

本书中被称为 "M" 字头的词汇）在美国博物馆研究项目中没有被普遍接受，尤其是在美国的博物馆实践中也没有一席之地。但是在实际应用和使用中，这些独特的术语在博物馆情境中非常有用。

为什么要在图书馆与信息科学中进行博物馆研究？

在本书中，我们将博物馆作为系统（第三章）、物作为资料（第六章）、展览作为生态学来进行讨论。这种概念结构大部分来自广泛的图书馆与信息科学领域，其中包括图书馆、档案馆、信息科学、使用者体验设计、档案研究、信息学、知识管理等方面的研究。随着进一步的探索，我们可以看到，博物馆自然而然地归属于图书馆与信息科学的研究范畴，这也是许多欧洲图书馆与信息科学院校多年来一直采用的方法。最近，著名的图书馆与信息科学学者马西娅·贝茨（Marcia Bates）根据过去几年发生的社会、技术和认知变化，提出了一个理解信息专业的框架（Bates, 2012）。在之前的研究基础上（例如，Bates, 1999），她指出，一些领域跨越了传统的学科范畴（例如，艺术、人文、社会和行为科学、自然科学和数学）：

> 然而，有些领域完全跨越了这一范畴；它们以特定的视角论述每个传统的主题。这些领域围绕某种特定的社会目的或兴趣进行组织，随后，这些目的或兴趣成为审视诸如文学、地理学等学科领域的视角。通过这个视角发现，既有理论性和研究性问题有待研究，也有实际的专业问题有待解决。我把这些领域称为 "元学科"（meta-disciplines）。（Bates, 2012, 2）

这些元学科包括诸如信息学科、传播、新闻和教育等。信息学科侧重于在不同情境和形势下进行信息的收集、组织、检索、使用、表征和呈现，这可能会跨越所有的传统学科。图书馆与信息科学——以及其中的博物馆研究——都是元学科。贝茨说，随着人们开始从这个角度去理解信息学科，所有的信息学科都将更加适用于更广泛的信息解决方案。事实上，2010 年版的《图书馆学与信息科学大百科全书》(*Encyclopedia of Library and Information Sciences*) 就有一个关于博物馆研究的条目。

LAM：图书馆、档案馆和博物馆的融合

当贝茨等人在讨论元学科时，还有一场被称为"LAM 融合"的运动 ——LAM 是图书馆、档案馆和博物馆 (libraries, archives, and museums) 的英文首字母的缩写。

传统上，图书馆、档案馆和博物馆根据各自藏品的性质和重点，将其内容分割为"零散产品" (piecemeal offerings) (Zorich, Waibel and Erway, 2008, 8)。然而，近年来，将这些不同的但相互关联的服务融合起来已成为人们日益增长的愿望。融合的核心目标是建立一个系统，以便于在统一的数字系统或单一的物理场所中获取各馆所有的馆藏信息。这种合作精神是由希望为这些机构的使用者创造一个更丰富、更全面的体验所驱动的。

根据吉文和麦克塔维什 (Given and McTavish, 2010) 的研究，更准确地说，当前的融合趋势应该被描述为重新融合。在 19 世纪末和 20 世纪初，图书馆、档案馆和博物馆往往共享空间、资源和人力。随着时间的推移，资金、教育和公众认知的变化促使这些机构渐行渐远。进入 20 世纪，信息管理的新思想最终导致了这三个不同机构的分离。根据魏贝尔和埃尔韦 (Waibel and Erway, 2009) 的说法，事情兜了个圈子又回到了合作的原点。从理论上讲，LAM 的融合趋势可以让它们作为综合性记忆机构一起运转，为使用者提供更加完整和丰富的体验，更好地完成图书馆、档案馆和博物馆的共同使命。

第二章　博物馆的起源

博物馆与收藏简史

博物馆的产生是为了满足人类了解世界的需要。收藏物品几乎是人类的普遍特征，在不同的人类文化中都能发现收藏物品的行为。例如，考古证据表明，尼安德特人（Neanderthals）收藏工具、加工过的贝壳和其他物品，并将它们仔细地摆放在埋葬地点，而在英格兰一个四千年前的青铜时代墓葬中发现了一批海胆化石收藏。对物品的积累、组织和解读都是人类理解周围混沌世界的方式。建立物与物之间的联系是寻找秩序的一种方法，是学习和理解人类世界的基本步骤。斯蒂芬·杰伊·古尔德（Stephen Jay Gould, 1987）认为，人们对物品进行分类的方式是人类思想的反映，而对分类的研究有助于了解人类认知的发展历程。

简单积累物品和收藏物品是不同的。收藏与积累的区别在于收藏具有目的性，而积累则发生于偶然。所有的收藏都有某种顺序，即使该顺序可能只有收藏者自己明白。由于收藏是有意为之，收藏的历史可以充分揭示出人类认知和使用物的历史性演变。然而，正如艾琳·胡珀－格林希尔（Eileen Hooper-Greenhill, 1992）在《博物馆与知识的塑造》①

---

① 译者注：中文版《博物馆与知识的塑造》，艾琳·胡珀－格林希尔、陈建明主编，陈双双译，译林出版社2017年版，第325页。

（*Museums and the Shaping of Knowledge*）一书中所说，博物馆的历史不能被理解为一条线性的发展轨迹，因为收藏者在不同时代有着不同的收藏动机和方向，因此藏品本身具有特定的历史属性。正如下文详细讨论的那样，尽管博物馆早期历史的许多方面都是模糊不清的，但进行个人收藏却是一种非常古老的做法。

在欧洲文化中，个人收藏的积累始于古代，并一直延续到中世纪晚期直至文艺复兴时期。在此期间，一些个人积累了令人印象深刻的收藏，以彰显他们的财富和权力；其他的个人收藏则成为宗教机构的财产。文艺复兴后期，一些个人收藏成为国家财产，并最终实现了越来越多地向公众开放。文艺复兴之后，特别是在启蒙运动时期，许多国有收藏演变成了现代博物馆。

古代世界的收藏

早在存放藏品的博物馆出现之前，人们就已开始了收藏。这一区别很重要，因为即便没有博物馆，收藏也可以存在，但是没有物品，博物馆就不会存在。事实上，当今博物馆的许多活动在第一批博物馆机构诞生之前就已经存在。收集、展示和保存藏品的活动实际上都出现在博物馆诞生之前。

欧洲通常被认为是博物馆的摇篮，尽管已知最早的收藏传统诞生于古代的非洲、亚洲和阿拉伯国家。有文献记载的最古老的物品收藏来自古代苏美尔城市迦勒底的乌尔（Sumerian city of Ur of the Chaldees）（位于今天的伊拉克）。20世纪初，C. L. 伍尔西（C. L. Woolsey）等人在考古发掘中发现了一批可追溯到公元前530年左右的古物收藏。收藏中的一些物品与作为物品标签的泥版书有关，后者记录着这些物品来自哪里、是谁发现的，以及是谁收藏的。此外，还有一些早期收藏的例子：

- 一大批来自大约公元前 2250 年、堆积在埃勃拉（Ebla）王国档案馆的楔形文字泥版（2 万余块）收藏；
- 公元前 2000—前 1000 年的美索不达米亚（Mesopotamia）铭文收藏，用于教导抄写员如何做记录（这是早期的一个物与学习相关联的例子）；
- 埃及图特摩斯三世（Tuthmosis Ⅲ）（公元前 1481—前 1425 年）收藏的来自亚洲的艺术品、古物、植物以及动物群；
- 公元前 2500 年左右，古埃及赫里奥波里斯（Heliopolis）收藏的海胆化石，上面用象形文字刻着收藏者的名字和发现的地点；
- 中国商朝（约公元前 1600—前 1025 年）收藏的金器和铜器；
- 巴比伦国王尼布甲尼撒（Nebuchadnezzar）（约公元前 634—前 562 年）和纳波尼德斯（Nabonidus）（约公元前 620—前 539 年）的大量私人收藏，包括艺术品、古物，可能还有自然史标本。

物品展示也始于现代博物馆出现之前。古希腊的艺术收藏以绘画和雕塑展览的形式出现在神庙入口处的柱廊和门廊处，这些地方被称为皮纳科特克（pinakotheke）或画廊。富有的罗马公民收藏绘画和其他诸如化石等被认为不同寻常的物品，并在家中展出。在庞贝（Pompeii）遗址的发掘过程中，发现了一些私人收藏的奇异的贝壳，这些贝壳在公元 79 年庞贝城被维苏威火山（Mount Vesuvius）的火山灰掩埋而得以保存下来。在许多古希腊和古罗马的城市中都发现了这类收藏 —— 化石、宝石、装饰品和古物，由此揭示出当时这类收藏活动的范围。尽管物品阐释与物品的展示密切相关，但我们对于这些早期收藏中的实物是如何阐释的却知之甚少。

收藏之物的保存也是古代世界同样关注的问题。例如，埃及人使用雪松油和干菊花（其中含有除虫菊，一种天然的驱虫剂）来保护木乃伊免受虫害；在古代，中国人在皇家档案馆卷轴囊匣中放入从樟树的汁液中提取出的樟脑来保存书写的文档；有机物通常被脱水处理保存，有时涂上蜡或清漆进行保存。在《奥德赛》（*The Odyssey*）一书中，荷马提到了燃烧硫黄来熏蒸建筑物的做法。

"博物馆"一词的起源

现代博物馆的概念起源于古代的缪斯神庙，这是一个从物中获取真知的场所。大约公元前330年到公元前30年，这座神庙在亚历山大城兴盛起来。正如第一章所述，museum一词源于希腊语mouseion，意思是希腊姊妹神（见表2.1）——缪斯女神的居所，她们是各领域知识的化身，传说能激发艺术家、诗人、哲学家等的灵感。

表2.1　缪斯女神

缪斯女神的名字	司管领域
克利俄（Clio）	历史
欧忒耳珀（Euterpe）	音乐
塔利亚（Thalia）	喜剧
墨尔波墨涅（Melpomene）	悲剧
忒耳西科瑞（Terpsichore）	舞蹈与合唱
埃拉托（Erato）	抒情诗与爱情诗
波吕许尼亚（Polyhymnia）	颂歌
乌拉尼娅（Urania）	天文学
卡利奥佩（Calliope）	史诗

缪斯神庙是由亚历山大（Alexandria）的统治者托勒密·索托（Ptolemy Sotor）（公元前305—前283年）建立的，据报道，这些收藏包括艺术品与自然史文物、一座动物园和一个植物园，以及一座古代最大的图书馆（Empereur, 2002）。神庙是希腊化时代重要的知识文化中心，许多重要的思想家都与之有过交集。例如，欧几里得（Euclid, 公元前325—前265年）在亚历山大居住期间发明了几何学；希罗（Hero, 约公元10—70年）在神庙从事教学期间发明了第一个蒸汽动力装置；克劳迪厄斯·托勒密（Claudius Ptolemy, 约公元90—168年）在亚历山大绘制了第一幅使用经纬度的地图；埃拉托色尼（Eratosthenes, 公元前276—前195年）在亚历山大首次准确估算了地球周长。不幸的是，缪斯神庙在公元前48年左右被席卷亚历山大的大火烧毁。虽然这座神庙更像现代的大学而非博物馆，但其重要性在于它代表了物（包括文本）与学习的早期关联。后来 museum（博物馆）一词被用来描述佛罗伦萨美第奇家族（Medici family of Florence）的收藏，是认识到"物"在知识积累中的重要性，承认美第奇家族百科全书式的丰富收藏堪比当年的缪斯神庙。

中世纪的收藏

随着罗马帝国（Roman Empire）的灭亡，欧洲的很多私人收藏成为教会财产，教会是当时社会最有权势和影响力的机构，也是知识活动中心。此外，从圣地归来的旅行者通常会带回一些曾在教堂展出过的物品，包括艺术品、宗教圣物、非圣物、古典雕塑和历史文物。例如，温切斯特（Winchester）主教和格拉斯顿伯里（Glastonbury）修道院院长——布卢瓦的亨利（Henry of Blois, 1099—1171）曾于1151年从罗马带回了一批古典雕塑，并在他的教堂展出。有些教堂的收藏非常光怪陆离：米兰大教堂（Milan cathedral）吹嘘拥有一根诺亚（Noah）①的胡须；哈尔贝施塔特大教堂（Halberstadt cathedral）展出了一块吞噬了约拿（Jonah）②的鲸鱼骨头；布伦瑞克大教堂（Brunswick cathedral）的收藏则拥有狮王亨利公爵（Duke Henry the Lion）从巴勒斯坦带回的狮鹫（griffin）③的爪子。这些物品之所以被教堂收藏，是因为它们非同寻常，也因为人们相信它们是神存在于世界的证据。设想一下当时流行的物品——鸵鸟蛋，那时候很少有欧洲人见过鸵鸟或者鸵鸟的图像，因此这些非凡的巨蛋有时被认为是神话中狮鹫的蛋，有时这些鸵鸟蛋也被认为是《圣经·约伯记》（the Biblical Book of Job）中提到的上帝造物的证据。

　　大约公元900年到1200年，中东一度成为知识活动的中心，这不仅导致大批古希腊文献被翻译成阿拉伯文，而且也带动了档案和艺术品收藏的广泛发展。在此期间，基于伊斯兰财产概念的收藏传统瓦克夫制度（waqf④）（Lewis, 1992）正式形成，其具有明显的公益性质。朝圣者携带礼物到麦什德（Meshed）（位于今伊朗的东北部）的伊玛目阿里·里达圣陵（Shrine of Imam Aliar-Rida）展出，这是一个悠久的传统。收藏也有通过战利品积累起来的。例如，在8世纪中叶，巴格达的阿拔斯王朝哈里发（Abbasid caliphs of Baghdad）打败大马士革的伍麦叶王朝哈里发（Umayyad caliphs of Damascus）之后获得了诸如艺术品、纺织品、武器和玻璃制品等战利品。

---

　　① 译者注：诺亚，《圣经》人物，拉麦的儿子，在500岁时生了三个儿子：一个叫作闪、一个叫作含、一个叫雅弗，总共活了950岁。

　　② 译者注：约拿（Jonah），古以色列国的先知，相传约拿曾被一条大鱼吞噬，三天后被完好无损地吐出。Jonah在英语中意为"不祥的人"，长期以来一直是水手们的行话，表示"给船只带来不幸和厄运的人或物"。

　　③ 译者注：Griffin（狮鹫，格里芬），一个神话人物，具有鹰的头和翅膀以及狮子的身体，通常用尖耳朵和鹰的腿代替前肢来描绘。

　　④ 译者注：瓦克夫（waqf），穆斯林基金，以信托方式持有并用于宗教、教育或慈善目的的伊斯兰财产捐赠。

阿拉伯学者和翻译家的作品在12世纪和13世纪抵达了欧洲，当时阿拉伯人翻译的希腊文献又被翻译成了拉丁文，从而在欧洲掀起了对古典时期作品的崇拜，这反过来对欧洲文艺复兴起到了重要作用。

文艺复兴时期的收藏

文艺复兴时期学者和皇室的求知欲刺激了欧洲个人收藏的增长。正是在14世纪到17世纪这一时期，欧洲出现了第一批珍奇屋^①（cabinets of curiosities）（也称为艺术珍宝馆 kunstkammer、奇迹之室 wunderkammer、奇珍柜 cabinets de curieux 或工作室 studioli）。富有的公民、皇室成员、律师、医生和药剂师等私人是这些珍奇屋的主人。珍奇屋这个名字来源于这样的事实：这些藏品最初被放置在柜子（家具）里，但后来发展到占据了整个房间或整套房屋。柜子里的藏品因主人的喜好而异，但通常包括所谓的独角兽的角、巨人的骨头、狮鹫的爪子、巨蛇的舌头、珠宝、硬币、地图和手稿、宗教文物、古典艺术品、雕塑等物品，偶尔也有来自亚洲或非洲的人工制品。许多物品因其炼金术的特性而被高度珍视，如理疗石头和木乃伊粉末。从当代的描述和形容以及对幸存下来的藏品的研究来看，现在大家都知道，独角兽的角实际上是独角鲸的长牙，巨人的骨头实为大象或者乳齿象的骨头，而山羊和羚羊的角被当作了狮鹫的爪子，鲨鱼牙化石被当作巨蛇的舌头。有些珍奇屋是为了彰显主人的威望，而有些则是出于学术目的而建的。例如，那不勒斯的药剂师费兰特·因佩

---

① 译者注：cabinets of curiosities，珍奇屋。参考《珍奇屋：收藏的激情》（*Cabinets Curiosités: La Passion de la collection*），[法]克里斯蒂娜·达韦纳（Christine Davenne）著，克里斯蒂娜·弗勒朗摄影，董莹，译，生活·读书·新知三联书店2017年版。

拉托（Ferrante Imperato，约公元 1525—1615）的珍奇屋包括标本，他将这些标本与他的图书馆一起用于教学目的，并构成他 1599 年出版的《自然史》（*Dell' Historia Naturale*）一书的基础；博洛尼亚大学（University of Bologna）教授乌利塞·阿尔德罗万迪（Ulisse Aldrovandi，1522—1605）的珍奇屋则收藏有用于教学目的的人工制品和自然史标本。

现实验证

见证过去

在意大利教授《博物馆起源》课程时，我在博洛尼亚一日游期间专门参观了阿尔德罗万迪的收藏。一些人称阿尔德罗万迪为现代自然史的创始人。他开始收藏的大学，即这座"剧场"或"大自然的缩影"是我所有意大利之行的亮点。想象一下，漫步在同一个校园里（通常被称为世界上第一所大学），阿尔德罗万迪为了明确的研究目的（在大学环境中）而收集了第一批藏品。阿尔德罗万迪认为，进行第一手观察并目睹"大自然的事物"对于研究和教学是必不可少的。在一个丰富的发现时期——16 世纪，他通过收集和保护来自意大利及其他地方的大自然事物而将世界带到了博洛尼亚。在那里，我徜徉在博物馆历史上这一令人惊叹的时期使用过的物品中间。我想，这批收藏对我来说如此特别的一个原因是，阿尔德罗万迪真正认识到了实物之于教学与学习的价值。（KFL）

尽管珍奇屋里的藏品看起来都是随意的、互不相关的物品，但事实上，它们反映了收藏者对艺术、自然和神学的认识，折射出大自然是由神圣力量塑造的思想。珍奇屋中使用的符号和寓言以藏品的形式去表征微缩的宇宙（有时被称为"记忆剧场"），物品与生俱来的意义决定了物品之间的关系。对于文艺复兴时期的收藏家们来说，他们的物品收藏就是一个微缩的宇宙，指向神圣认可的、理想的世界秩序。因此，收藏家们想要的不是寻常之物，而是那些稀有的或具有异国情调的东西，因为这些珍稀之物可以被阐释为世界上神圣存在的证据，同时也彰显出拥有者的高贵。

像美第奇家族这样的收藏被其主人用于研究，并展示给亲朋好友。人们对珍奇屋的物品及其陈列（分类）的了解大多来自当代的素描、版画和绘画作品。收藏专家苏珊·皮尔斯（Susan Pearce, 1992）指出，物品收藏是一种复杂的物质实践，藏品蕴含着意识形态和功能；藏品是一种自我身份认同的创造形式，其强化或削弱了藏品所处社会的主导类别。与缪斯神庙中的收藏一样，这些珍奇屋也扮演了信息资源的角色，启发观众了解周围世界的意义，同时也有助于实现收藏者的自我身份认同。

文艺复兴时期，人们对物的力量的信仰极大地影响了人们对物的追求和保存。例如，佛罗伦萨美第奇宫（Medici palace）的收藏通过使用过去的东西来美化家族成员，意在炫耀美第奇家族的财富和权力。通过拥有被认为具有强大力量的物品，美第奇家族也彰显出家族的强大力量（Hooper-Greenhill, 1992）。1582 年，美第奇家族的收藏在乌菲齐宫（Uffizi Palace）正式向公众开放，并最终于 1743 年遗赠给托斯卡纳大区（state of Tuscany）。同样，1523 年至 1582 年期间，另一个文艺复兴时期著名的家族格里马尼（Grimani family）将其大部分收藏捐赠给了威尼斯共和国（Venetian Republic），今天人们可以在威尼斯总督宫（Doge's Palace in Venice）的安提奇塔博物馆（Museo d'Antichità）看到不少这批收藏品。

见证过去：美第奇家族与博物馆的起源

夏天，我在意大利佛罗伦萨讲授博物馆起源的课程。在佛罗伦萨的第一次现场课上，我发现自己完全被美第奇家族迷住了（我的学生也是如此），并真正理解了其对世界各地博物馆的影响程度。这一家族成员所作的许多政治性、宣传性以及个人性的选择，在很大程度上影响了现代博物馆，尤其是他们相信"物"作为权力和知识表征的力量。事实上，一旦意识到美第奇家族的影响，你就会惊讶地发现，他们是如何在博物馆语境和世界各地许多其他的日常活动和机构里被频繁地提及。从15世纪老科西莫（Cosimo the Elder）开始，美第奇家族就为现在我们早已习以为常的博物馆活动和流程奠定了基础，比如系统收藏、物品展示、编制藏品清单以及向观众阐释物品的意义等。（KFL）

早期的分类法和图录

大约从15世纪开始，随着欧洲私人珍奇屋中物品的大量积累，与此携手出现的是对这些物品进行排序的分类方案。最初，这些物品被简单地分为奇事（mirabilia）（有限的奇迹）和奇迹（miracula）（无限的或神圣的奇迹），或者人工的（artificialia）和大自然的（naturalia）。随着收藏规模的拓展和复杂程度的加深，新的藏品类别出现了，比如具有重要历史意义的物品被归为古物（antiquitas）。珍奇屋里的物品种类相当繁多。对此，英国哲学家弗朗西斯·培根（Francis Bacon, 1561—1626）曾这样描述，一个典型的珍奇屋包括"人类用精湛手艺或工具制造出来的、在材料、形制或是动态上都十分罕见的东西；任何奇异、偶然和混杂事物变动所产生的东西；任何大自然创造的那些长生不老并可以被保存的东西"（Bacon, 1594）。珍奇屋收藏的物品的多样性及其分类尝试似乎证实了神祇的存在，也向其收藏者证明了自然界存在着一种神圣的秩序。

最早的博物馆目录（图录）是手写的，仅是藏品的描述性清单。但是在引入活字印刷术之后，博物馆目录发展迅猛，不仅包括了博物馆内容的详细清单，往往还附有重要藏品的插图及其历史。在制作博物馆目录上，乌利塞·阿尔德罗万迪走得很远，他甚至还出版了一本《博物馆观众目录》（*Catalogus virorum qui vistarunt Musaeum nostrum*），在书中他依据地理来源和社会地位对观众进行分类。

最早印刷出版的关于博物馆的专著之一是由比利时安特卫普（Antwerp）的医生塞缪尔·冯·奎奇伯格（Samuel von Quiccheberg, 1529—1567）撰写的，该书于 1565 年在慕尼黑出版。冯·奎奇伯格的书名为《大剧院题铭》（*Vel Tituli Theatri Amplissimi*，英文书名：*Inscriptions of the immense theater*）。尽管书名用的是拉丁语，但书的内容是用德语写的。冯·奎奇伯格写道，收藏应是对宇宙物质的系统分类。他就如何创建心目中理想的珍奇屋提出了指导方针，并提出了与现代博物馆一致的将藏品分组的组织方案：分为荣耀创始人的材料、古代人工制品（历史文物）、自然标本（自然史材料）、技术和文化产物（应用艺术和工艺品）以及绘画与圣物（美术）。冯·奎奇伯格将收藏的物品作为研究对象，从中获取知识并激发好奇心。

从 1620 年开始，奥劳斯·沃尔姆（Olaus Worm, 1588—1654）就在哥本哈根进行藏品编纂，1655 年出版的大型图录《沃尔姆博物馆》（*Museum Wormianum*）对这批收藏进行了详尽描述。沃尔姆的目录包括一幅描绘沃尔姆博物馆主厅的木版画，这幅画后来被广泛转载于博物馆相关的出版物（见图 2.1）。

图 2.1 奥劳斯·沃尔姆博物馆（The Museum Olaus Worm）。

启蒙运动和现代欧洲博物馆的诞生

　　随着文艺复兴让位于启蒙运动，从 1650 年左右开始，起初作为珍奇屋的收藏规模越来越大，又因为图录的流通越来越广为人知。随着欧洲以外的世界知识的传播，收藏品逐渐由不寻常之物转向典型和普通之物，从而深刻地改变了收藏的性质。在启蒙运动的氛围中，研究物品逐步演变成了解未知事物的一种方式。从非洲、美洲、亚洲和澳大利亚带到欧洲的物品因其携带的有关未知领土的信息而变得有价值。这是一个应用系统和科学方法去探知人类文化和自然的时代。例如，弗朗西斯·培根（1561—1626）主张将归纳经验主义应用于知识的编目，而勒内·笛卡儿（René Descartes, 1596—1650）则试图使科学和宗教理性化，这些发展都反映在博物馆收藏的演变中。乔尔·欧罗斯（Joel Orosz，1990）在研究美国博物馆发展时指出，在启蒙运动时期，作为藏品而获得新意义的物品被认为是值得保存的艺术品、历史文物和自然史标本，它们是证实学术理性主张的必要证据。

英国老约翰·特雷德斯坎特（John Tradescant the Elder, ca.A.D. 1570—1638）和他的儿子小约翰·特雷德斯坎特（John Tradescant the Younger, 1608—1662）的收藏，是由珍奇屋发展为现代博物馆的一个实例。特雷德斯坎特家族的广泛收藏包括自然史标本、宝石、武器、硬币、雕刻、绘画和徽章等，它们以有偿的方式向公众展示。随着藏品的增多，特雷德斯坎特邀请埃里亚斯·阿什莫尔（Elias Ashmole, 1617—1692）为其编制藏品图录。阿什莫尔整理编辑的藏品图录于 1656 年出版，书名为《特拉德斯坎特博物馆目录》（*Musaeum Tradescantianum*）。特雷德斯坎特父子去世后，阿什莫尔获得了这批藏品的控制权，然后将其捐赠给了牛津大学，并以自己的名字重新命名（Swann, 2001）。1683年开馆后，阿什莫林博物馆（Ashmolean Museum）建立了最终成为现代大学博物馆的模式，包括设立展示和存储空间，设有为大学相关教学人员配备的办公室。

现代博物馆

1700 年以后，欧洲博物馆的数量非常多，一位来自汉堡的博物馆物品交易商卡斯珀·尼克利乌斯（Caspar Neikelius，笔名为 Kaspar Freidrich Jenequel）于 1727 年出版了《博物馆实务》（*Museographica*）一书，该书被认为是第一本以博物馆学为主题的著作。尼克利乌斯为藏品征集提供了指导性意见；解决了收藏之物分类问题；介绍了藏品保管方法；并提议在每个房间中间都放置一张桌子，"以便在此对从库房取出的藏品进行研究"。他还建议，博物馆物应存放在干燥的条件下，避免阳光直射；博物馆应建立入藏登录簿和目录总账（an accession book and a general catalog）。尼克利乌斯是第一个明确指出在小房间（例如，在一个珍奇屋）观赏那些堆放着的物品与在长条形房间（来自法国中世纪城堡大厅的展厅）观赏展出的物品是有区别的人。1753年，大卫·赫尔特曼（David Hultman）发表了关于博物馆规范的有关建议，他认为博物馆建筑应该用砖砌成，长度要大于宽度，窗户朝北以提供非直射日光。

在18世纪，博物馆变得越来越庞大而复杂。博物馆根据各自的藏品特点和分类体系开始分化为诸如艺术、人类学、历史、军事、自然史、技术等专门机构。例如，瑞典博物学家卡尔·林奈（Carl Linnaeus, 1707—1778）研发出新的植物分类系统（1735年）和动物分类系统（1758年），极大地影响了自然史收藏。这种高效而现代的分类系统很快成为自然史收藏的组织原则和新增收藏的指导原则。直到1978年，才出现了一种与之相当的针对人工制品的通用编目分类。相比之下，早在1876年就首次出现了按照十大类进行图书资料编目的"杜威十进制分类法"（Dewey decimal system），1897年首次公布了美国国会图书馆分类系统（Library of congress system）（使用二十一大类分类），而欧洲在1895年出版了《通用十进制分类法》（*Universal Decimal Classification*）。

持续发展的欧洲现代博物馆：18 和 19 世纪

从18世纪初开始，重商主义的发展，富裕商人阶层的崛起以及皇室赞助体系的衰落共同提升了公众对艺术的兴趣。到18世纪中叶，初露端倪的工业革命激发了公众对技术与科学的兴趣。19世纪初，随着认识到博物馆有助于民族意识的形成，人们开始意识到博物馆是保存国家历史和遗产的合适机构，欧洲迎来了博物馆建设的繁荣时期。19世纪被称为"博物馆的黄金时代"（the golden age of museums），博物馆在这一时期迅猛发展，几乎每个西欧国家都开设了一家综合性博物馆。与以往的博物馆相比，许多新建的现代博物馆虽不是百科全书式的，但却更专注于收藏，例如，现在梵蒂冈博物馆（the Vatican Museums）的前身神圣博物馆（Museo Sacro）于1756年在罗马开馆。这一时期也创办了多家专注于艺术、历史和自然历史的博物馆。1773年，教皇克雷芒十四世（Pope Clement XIV）在罗马开设了第一家专门的艺术博物馆——罗马的庇护-克雷芒博物馆（Pio Clemente Museum In Rome）（该博物馆的收藏现在是梵蒂冈馆藏的一部分）；同年，巴黎卢浮宫（the Louvre in Paris）馆藏开始接纳公众参观。

大多数早期的欧洲博物馆的藏品积累都是在偶然的情况下开始的，但有些博物馆则规划得较为周密。例如，第一座现代艺术博物馆是创建于1764年的圣彼得堡艾尔米塔什博物馆（Hermitage in St. Petersburg）；为了让普通大众可以接触到贵族们的收藏，克拉科夫的恰尔托雷斯基博物馆（Czartoryski Museum, Krakow）于1776年成立。这一时期的许多博物馆制定了一系列影响至今的博物馆实践标准。比如，克里斯蒂安·冯·梅歇尔（Christian Von Mechel）于1779年提出建议，维也纳美景宫博物馆（Belvedere Museum）应按时间顺序展示"可视的艺术史"；随后，柏林的老博物馆（Altes Museum, 1830）也按时间顺序策划了艺术史展。1836年，慕尼黑的老美术馆（Alte Pinakothek）（意指为教学目的而收集物品的希腊概念）则更进了一步，其开馆展览就是由学院按历史年代顺序组织的艺术展览；同时，展厅空间设计方面可保护艺术品免遭火灾、灰尘和震动的危害，以及展厅的窗户朝北，冬季温度适中等。

许多重要的博物馆建造于18世纪末和19世纪初。大英博物馆于1759年向公众开放（免费入场），拥有艺术、人类学、历史、科学藏品和一个图书馆，这使其成为一个普世性机构。1785年，西班牙国王查理三世（Charles Ⅲ）将艺术品和自然史收藏合并起来建立了一座自然科学博物馆，该馆最终于 1819 年成为普拉多博物馆（the Prado）。1793 年，法国大革命（French Revolution）后不久，卢浮宫作为巴黎中央艺术博物馆（Musée Central des Artes in Paris）向公众开放，展出了从未对公众开放的皇家收藏（偶然的一次特别展览除外）。由于拿破仑在欧洲战场上巧立名目征用了大量战利品充实馆藏，这个新兴的法国博物馆迅速成长起来（后来根据 1815 年维也纳会议，大部分战利品被返还）。

1837 年，第一座民族学博物馆在荷兰莱顿（Leiden）成立。历史房屋博物馆最早出现于 19 世纪中叶的欧洲和美国，主要是为了保护具有重要意义或者与重要人物或历史事件相关的建筑物。通常包括那个时代的建筑和当时的历史场景重现的露天博物馆（open-air museums）或活态博物馆（living museums），最早出现在 19 世纪末的斯堪的纳维亚半岛（Scandinavia）；第一家于 1881 年在挪威奥斯陆（Oslo, Norway）附近开馆，展出了国王奥斯卡二世（King Oscar II）的收藏。1891 年，亚瑟·哈塞柳斯（Arthur Hazelius）在瑞典斯德哥尔摩创建了斯坎森博物馆（Skansen Museum），后来成为世界各地露天博物馆的典范。为了服务学童，第一家移动博物馆（mobile museum）于 1884 年创办于英国利物浦。

19 世纪后半叶，因为"新博物馆理念"（new museum idea）——收藏分为研究性收藏与展览性收藏——成为主导，博物馆被重新塑造为重要的教育机构。大英博物馆馆长威廉·亨利·弗劳尔爵士（Sir William Henry Flower）正式阐述了新博物馆理念，即博物馆要围绕研究和公共教育的双重目的来组织。在此之前，人们一直希望博物馆将其所有的藏品都展示出来，其结果就是展厅里往往排满了展柜，精心贴着标签、摆放有序的藏品随处可见。虽然批评这种展览风格已成为一种时尚，但是它还是受到部分观众的欢迎，这不仅因为这些观众想去博物馆观看一些从未见过的东西，而且这种展示方式可以让观众理解周围混乱的世界。19 世纪下半叶也是第一个博物馆大发展时期，在此期间，英国有 100 多家新博物馆开馆，德国至少有 50 家新博物馆开馆，美洲也有许多重要的博物馆开馆。

美洲的博物馆

18 世纪末，现代博物馆的启蒙思想在美洲殖民地确立。美国南卡罗来纳州的查尔斯顿图书馆协会（Charleston Library Society, South Carolina）创办了美国第一家博物馆［该协会的藏品后来移交至查尔斯顿学院（College of Charleston）］。1785 年，查尔斯·威尔逊·皮尔（Charles Willson Peale, 1741—1827）在费城的宅邸创办了美国第一家定期向公众开放的博物馆。较之于欧洲博物馆的理念，皮尔的创新之处在于他的民主意图，即要为各阶层人士提供指导和娱乐（前提是他们需支付入场费）。皮尔博物馆的藏品有他本人及其儿子们的绘画作品、动物标本、化石、乳齿象骨骼、人类学物品和活体动物。当它遇到了当今许多博物馆面临的问题 —— 资金匮乏、受众不足以及藏品展示未能吸引回头客时，该博物馆最终还是失败了。在 1858 年的拍卖会上，皮尔的收藏被分散拍卖。

美国另一位具有影响力的博物馆先驱是菲尼亚斯·T.巴纳姆（Phineas T. Barnum, 1810—1891），后来他成为著名的马戏团大亨，他在纽约市开办了一家大型公共博物馆，名为美国博物馆（the American Museum）。该博物馆最初是由坦慕尼协会（Tammany Society）于 1790 年创建的，后于 1802 年被约翰·斯卡德（John Scudder, 1775—1821）收购，后者以斯卡德氏美国博物馆（Scudder's American Museum）之名经营。1841 年，巴纳姆从斯卡德手里买下了这些收藏，并以美国博物馆之名来经营，直到 1865 年被烧毁。巴纳姆的博物馆曾展出过 60 多万件展品，但在经历了几次严重火灾之后，他最终放弃了博物馆，转向马戏团生意。

尽管美国的两个重要博物馆 —— 纽约大都会博物馆（Metropolitan Museum in New York）和波士顿美术馆（Museum of Fine Arts in Boston）—— 都创建于1870年，但美国今天已知的博物馆中只有4%是在1900年之前建立的。目前来看，美国至少75%的博物馆是在1950年以后建立的，而其中40%是在1970年之后建立的。

美国最早的户外博物馆（outdoor museums）是建于1926年的殖民地威廉斯堡（Colonial Williamsburg）和1929年在密歇根州迪尔伯恩市（Dearborn, Michigan）对外开放的亨利·福特的格林菲尔德村（Henry Ford's Greenfield Village）。1850年在纽约州纽堡（Newburgh）建成的美国第一个历史房屋博物馆是哈斯布鲁克之家（Hasbrouck House），这里曾经是乔治·华盛顿（George Washington）将军的指挥总部。

19世纪中后期是大部分西方世界博物馆的繁荣发展时期。拉丁美洲的第一个博物馆是成立于1790年的墨西哥城自然史博物馆（Museo de Historia Natural in Mexico City），随后是成立于1812年的布宜诺斯艾利斯的自然史博物馆（Museo de Historia Natural in Buenos Aires），而其他拉丁美洲国家也大多在19世纪末之前建立了各自的国家博物馆。

在20世纪的美洲（以及其他一些地区），特别是美国，博物馆蓬勃发展且多样化态势奠定了今日博物馆的基本版图，涵盖儿童博物馆、商业博物馆、科学中心、社区和区域性博物馆以及专业博物馆，这些将在第五章详述。

非西方国家的博物馆：超越殖民主义

尽管现代的公共博物馆理念基本上源自欧洲，但通过贸易和殖民主义被成功地输出到了世界各地。亚洲博物馆和非洲博物馆分别在19世纪和20世纪初经历了一个巨大的发展时期（例如，今天的津巴布韦和乌干达分别在 1901 年和 1908 年成立了国家博物馆）。许多殖民时期（colonial-era）的博物馆已经演变为重要的国家博物馆，特别是在南美洲和亚洲。例如，孟加拉亚洲学会（Asiatic Society of Bengal）于 1814 年在印度加尔各答开设了一家博物馆，该博物馆于 1947 年印度独立之后成为国家博物馆；非洲的第一家博物馆是 1825 年在开普敦成立的南非博物馆（South African Museum）。随着独立国家从殖民地中崛起，一些博物馆通过阐释反映民族归属感（例如，定义民族文化）的收藏、确定不同于其他国家和文化的民族国家特性而成为发展国家认同的重要机构。

一些博物馆在抵制殖民主义方面发挥了重要作用。例如，在 20 世纪 70 年代，许多加勒比地区的博物馆将工作重点从过分关注社会的殖民过去转向了呈现更具包容性的文化和自然历史。在过去的十多年里，被称为"记忆博物馆"（museos de memoria/museums of memory）的机构不断得到发展，这些机构致力于关注内战、暴力、政治压迫和长期偏见等事件。

博物馆根源的重要性

博物馆、图书馆和档案馆有着共同的历史。正如本章前面所讨论的，世界上最古老的收藏是公元前 3000 年 —— 前 2000 年用楔形文字和其他文字书写的泥版。考古学家在埃勃拉和马里（Ebla and Mari）（今叙利亚）、阿马尔奈（Amarna）（埃及）、哈图萨（Hathusa）（土耳其）和皮洛斯（Pylos）（希腊）发现了这些早期档案材料中遗存下来的泥版。古巴比伦人、中国人和罗马人也有保存档案和图书馆收藏的物品的机构，这为我们提供了包括古代世界上最大的图书馆在内的博物馆概念（亚历山大城的缪斯神庙）。正是阿拉伯人在公元 900 年到 1200 年间翻译的文本资料在很大程度上激发了欧洲的文艺复兴，也带动了现代博物馆、图书馆和档案馆的蓬勃发展。图书馆和博物馆的蓬勃发展也与1450年前后欧洲引进的活字印刷术以及17世纪大学的兴起密切相关，比如牛津大学的博德利图书馆（Bodleian Library at Oxford University）和大英博物馆的图书馆。印刷术的引进使博物馆藏品图录得以传播，从而为博物馆的收藏赢得了更广泛的受众。历史表明，博物馆与档案馆、图书馆一道，在不同时期为满足不同的需要而发展，但在阐释自然和文化方面始终发挥着重要的作用。只要人类对周围世界始终保持好奇，那么博物馆就将继续在社会中发挥重要的作用。

第二部分
怎么做

第三章　博物馆系统

博物馆是怎样的一个系统？

　　博物馆作为组织机构，是一种复杂的实体。没有两个博物馆是一样的 —— 每个博物馆都有影响其运作的内部问题 —— 但所有博物馆都与其他博物馆和非营利组织有着共同的关切。要了解博物馆是如何运作的，就必须将它们放在情境中去考虑，作为动态的、不断变化的世界的一部分。本章考察博物馆系统和影响它的其他系统。

　　系统是一组相互关联、相互作用的组成部分，它们构成一个复杂的整体和配置，各部分通过直接或间接的关系网络连接在一起。一个开放的系统与环境不断互动；一个封闭的系统则与其环境彼此隔离。很显然，博物馆是开放的系统。系统具有几个决定性的特征：

- 系统由许多部分组成（例如，较小的系统嵌套在较大的系统中）。
- 每个组成部分在更大的系统中发挥作用。
- 能量、材料和 / 或信息在系统的不同部分之间流动。
- 移除系统的任何一部分，都会影响系统功能。
- 如果系统组成部分的排列方式发生变化，系统必须调整到一个新的平衡。
- 系统依靠反馈来维持平衡。
- 系统根据反馈而作出调整，以保持其稳定性。

　　在此，反馈指的是关于过去或现在的信息，这些信息作为因果循环的一部分影响到现在或未来的相同现象［因此说信息会"反馈"（feedback）到自身］。换句话说，反馈指的是返回到原始发送者并影响其后续行动的信息。

反馈的一个简单示例是室内恒温器的工作方式：恒温器感应室内温度，然后调整制冷或加热的输出设备，从而使房间保持在预定的舒适温度水平。反馈如何在博物馆系统（museum system）中发挥作用的一个例子就是，根据观众评估（visitor evaluations）来改变为公众阐释收藏之物的方式。

系统理论（systems theory）指的是对通过反馈回路（feedback loops）进行自我调节的系统的跨学科研究。系统理论应用于人类互动的一个例子是由默里·鲍恩（Murray Bowen）和迈克尔·克尔（Michael Kerr）于20世纪50年代提出的家庭系统疗法（family systems therapy），它基于这样一个原则，即不能孤立地理解个体，而必须将个体作为一个家庭的成员来理解。在此，家庭成为一个由相互联系并相互依存的个体构成的情感单位和家庭系统。虽然家庭中的每个人都独立行动，但是他或她的行动影响着其他家庭成员，同时也受到其他家庭成员的影响；反过来，他们作为一个家庭系统而相互作用。

系统思维（systems thinking）是研究系统如何运转以及系统之间如何相互影响的一种方式。从传统意义上来说，我们通常从机构是由独立的、不同的部分（比如，部门或个人）组成的角度来分析它。在系统思维中，机构被概念化为由许多复杂和动态的嵌套系统组成，这些系统在更大的系统中相互作用。自然界的一个例子是生态系统——生活在自然界某个特定地方的一个动植物群落，作为一个庞大的系统发挥作用，而这个大系统是由许多较小的系统组成的。每种植物或动物都适应自己的生活方式，同时，这些动物和植物在生态系统中不断地以直接或间接的方式相互影响。一个组成部分的变化，比如一个物种的灭绝，最终会影响所有其他组成部分的相互作用。更大的生态系统是环境中所有单个系统的总和。

将系统理论和系统思维应用于博物馆，我们可以更好地理解诸如藏品管理、观众服务、教育计划、藏品保护和博物馆行政管理等组成部分如何协力发挥作用，提升博物馆功能。每个部分作为较小的系统运行，同时又共同构成较大的博物馆系统，而博物馆系统本身又置身于一个更大的、更复杂的外部系统之中。

博物馆整体生态系统

如上所述，博物馆系统可以比作一个生态系统，生态系统是生物群落与其所生存环境之间的一组复杂的关系。每个生物体都是由以某种方式运行的系统组成，并作为生态系统的一部分而得以生存，与之类似，作为一个功能实体的博物馆也存在于一个更大的系统之中。每个博物馆都有一个由内部和外部博物馆组成（见图3.1）的内部系统（internal

图 3.1 整体博物馆系统模型。

system），该系统位于一个更广泛的称为外部系统（external system）的环境中，由本地和全球环境组成的外部系统反过来影响着博物馆的内部系统。这里首先讨论博物馆的内部系统（内部和外部博物馆），然后再讨论外部系统。

内部博物馆系统

内部和外部博物馆模型

堪萨斯大学自然历史博物馆（Natural History Museum at the University of Kansas）前馆长菲利普·S.汉弗莱（Philip S. Humphrey）将博物馆概念化为一个由内部和外部博物馆组成的双层嵌套系统。汉弗莱首先将内部博物馆描述为藏品以及研究与保管藏品的人，随后将外部博物馆描述为"可以将内部博物馆的知识传递给外行公众的诸如展览和公共项目等所有转化方式"（Humphrey, 1976）。这种模型可能受到19世纪末威廉·亨利·弗劳尔爵士（Sir William Henry Flower）"新博物馆理念"的影响，该理念提出将收藏分为用于研究的收藏和用于教育的收藏。1991年，汉弗莱用这个模型描述了大学自然史博物馆，以期帮助理解这些博物馆，以及它们与其他非大学博物馆之间的独特状况和内部关系。

汉弗莱的模型（见图3.2）有助于理解许多不同类型的博物馆的结构和功能，也是形塑未来博物馆的重要路径。作为一种工具，该模型可以用来探讨博物馆的结构、功能和关系，并从多个不同的角度分析博物馆。此外，该模型对于了解博物馆系统如何运转以及近年来的变化也大有裨益。

当汉弗莱在20世纪70年代中期最初提出该模型时，这是一种恰当地描述许多博物馆的方式，并有助于对它们进行评论。在汉弗莱看来，

图3.2　汉弗莱阐释的内部和外部博物馆模型，展示了各自的传统活动。

内部博物馆是隐蔽的、运转中的博物馆，而外部博物馆是公众所看到的部分。但该模型是静态的，因为它将特定的活动、人员和概念分别放在了两个独立的位置。虽然很长一段时间以来，博物馆基本上都是这样运行的（而且有些至今如此），但该模型的视域是从内部而不是从整体的角度来定位博物馆系统的。

虽然没有适用于所有博物馆类型和规模的单一的结构，但许多博物馆都有一套包括行政、收藏、展览、教育、公共关系和发展在内的典型的部门设置。传统上，内部博物馆和外部博物馆之间存在着明显的界限（例如，观众很少有机会在展厅与策展人互动）。近年来，由于社会、技术、经济的变化，人们对学习和求知方式的日益重视，加上人们对社区参与博物馆工作的日益关注，博物馆周围的外部结构也在不断地改变。这些变化改变了内部博物馆系统的结构。实际上，内部博物馆的边界已变得更具渗透性，并允许与外部博物馆有更多的相互交换（见图 3.3）。随着旧的部门结构的瓦解，博物馆的活动和工作分配趋于融合和流动，因此经常很难将博物馆功能界定为纯粹的内部博物馆或外部博物馆的结果。更为重要的是，过去用来标记外部博物馆及其之外 —— 博物馆与外部世界 —— 之间的界限现在正变得非常容易渗透，博物馆与公众之间思想与信息的流动比以往任何时候都要频繁。这些变化表明，许多博物馆正变得更加透明，认识到它们与公众的关系应为共同所有者的关系，并应对公众反馈予以更充分的回应。一些博物馆正在尝试全面实施这种模型，以此消除内部和外部博物馆之间的边界。因此，在今天的博物馆展厅里看到一位策展人与观众正在互动已不再是什么罕见的事情了。

图 3.3　博物馆系统模型（内部博物馆系统），展示了内部和外部博物馆之间模糊的界限。

环境（外部系统）

生态系统不是静止的 —— 构成生态系统的生物必须不断地适应变化。例如，罕见的干旱时期、捕食者和猎物数量的波动、疾病、洪水和火灾都会以不同的方式影响着不同的动植物。当生物适应变化时，它们之间的平衡关系会出现短期中断，直至系统达到新的平衡为止。同样，围绕博物馆的外部系统包括一个不断演变的复杂世界，而位于其中的博物馆必须进行改变和适应。换句话说，博物馆是一个更加庞大关系网中的一部分；改变可能来自本地的、近在咫尺的资源，也可能来自更广泛、更宏大的全国性或全球性的资源。

根据定义，作为一个嵌套在一组其他系统中的系统，博物馆是一个关系实体（Bell, 2012）。有时，这些关系会极大地影响博物馆；有时，这种影响则显得更加微妙。

一个看似微小的变化可能会产生深远的影响，促使整个博物馆系统作出适应性反应。例如，关于人们如何在博物馆学习的研究影响了博物馆如何阐释藏品以及如何向公众予以展示。传统上，博物馆展览通常是线性的，而展览标签上的文字传递出博物馆专家认为公众应该知道的重要的信息。现在的趋势 —— 基于新的研究数据 —— 则是展览要有多个阐释切入点，让观众有机会去阅读文本、收听音频、思考问题、彼此互动，甚至与展出的物品建立个人联系。这些变化导致一些博物馆的展览与教育部门合并，从而让学识渊博的专家更多地参与物品展示（object presentation），同时加大受众评估手段的使用，以使博物馆对观众的兴趣和需求作出更积极的回应。更好地理解人与物之间如何互动，也改变了博物馆的收藏方式和收藏的内容、藏品编目方式，以及博物馆向公众提供收藏之物的信息及图像。反过来，这种对物及其相关信息更大程度的访问和获取也促使观众能够表达自己对物的看法，并在如何阐释博物馆藏品中发挥更大的作用。

下面通过实例探讨博物馆与外部环境之间的关系，这些关系影响内部博物馆的结构和活动。博物馆在社会中如何定位 —— 作为私立或公共机构，在地方和全球经济中，作为社区组织，作为记忆机构，作为文化遗产地，作为身份认同或国家地位的象征，或者，比如在商品文化中 —— 可以影响这些关系并最终影响博物馆的运作方式（见图3.4）。这些实例揭示了博物馆嵌入社会的程度，阐明了博物馆作为一个置身于另一组外部系统中的系统的运作方式。

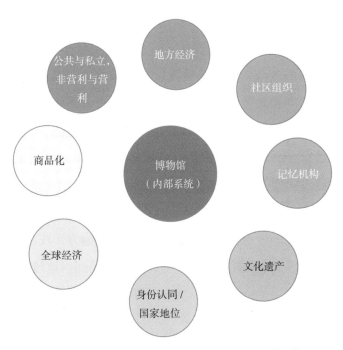

图3.4　博物馆的内部系统，被其所处的部分外部系统环绕。

公共与私立，非营利与营利

　　博物馆外部环境的一个层面与博物馆的组织类型有关。在第一章中，我们把美国的博物馆描述为公共或私立的机构。公共博物馆由政府（联邦、州或地方）拥有和管理，而私立博物馆则由其委员会成员（通常通过管理委员会）管理。大多数私立博物馆是非营利性的，这意味着它们以公共信托的形式持有藏品，博物馆获得的任何收入都直接用于履行其使命。有些私立博物馆是营利性机构，这意味着它们像企业一样运营 —— 其藏品也不是以公共信托方式持有的，博物馆获得的任何收入都进入博物馆所有者的腰包。在这些类型中，博物馆可能在资金、政策、规划和责任的法律限制上存在很大的差异。定义每一种博物馆机构的参数都会影响其在内部和外部的运行方式。此外，与这些类型相关的政治因素也会影响如何处理、评估和构建博物馆机构的各个方面。

地方经济

地方经济和地方政治也总是博物馆需要考虑的因素，因为大多数博物馆都会直接和间接地依赖于当地经济。反过来，博物馆可能会对地方经济产生深远的影响。博物馆吸引参观者的到来，他们在参观博物馆的同时也会在餐饮、酒店和燃油上消费，从而促进当地经济的发展，此外，博物馆还会通过雇佣所在区域的居民来为当地就业作出贡献。与此同时，博物馆可能依靠当地政府来资助其运营或帮助其推广活动。通过举办有关当地历史和文化的展览等，博物馆还可能以其他方式支持其社区，但如果人们不同意博物馆阐释的观点，博物馆也会受到当地政治的影响。

社区组织

虽然在任何特定的市、郡或州都存在许多为社区服务的组织机构，但博物馆 —— 因为其以公共信托方式持有藏品 —— 更容易被视为属于社区的机构。博物馆作为地方资源或社区组织的特征，及其与其他当地组织的关系，可能对它的运作方式起着至关重要的作用。比如，作为市政府档案库地方历史协会可以将自己定位为一个保守的、俱乐部式的机构，也可以向社区中的所有人开放，并承认当地公民在博物馆中的利益。一些博物馆通过举办会议或提供作为他用的场地的方式而成为服务于地方组织的资源。

记忆机构

许多博物馆与图书馆和档案馆一样，作为记忆机构服务于更广泛的环境。记忆机构是公共知识的储存库，通常与创伤或情感事件有关，例如，华盛顿特区的美国大屠杀纪念馆（United States Holocaust Memorial Museum in Washington, D.C.）或纽约市的"9·11"国家纪念博物馆（National September 11 Memorial and Museum in New York City）。这些博物馆通常以事件、人物和思想的物质表征形式而成为潜在意义的长期保存者。在这种情况下，博物馆充当拯救文化和自然遗产的机构；博物馆为现在和未来而保存过去，因此是值得公众高度信任的场所。作为记忆机构的博物馆涵盖地方和全球两个层面。例如，成立于智利圣地亚哥的记忆和人权博物馆（Museo de la Memoria y los Derechos Humanos/Museum of Memory and Human Rights）是为了纪念在 1973 年至 1990 年期间被独裁者奥古斯托·皮诺切特（Augusto Pinochet）政权折磨杀害的智利公民。另一个例子是法国的杜奥蒙公墓（L'Ossuaire de Douamont/the Douaumont Ossuary），其为了纪念在 1916 年凡尔登战役（Battle of Verdun）中阵亡的约 230 000 名法国和德国士兵而建立。然而，并非所有被保存的记忆都必须是感人的或创伤性的，博物馆发现自己也可以在更加常规的场景中充当记忆机构，比如，地方历史和地方自然保护区。

文化遗产

文化遗产指的是物质遗存及其对社会的相关意义，以及保管和保存这些物质遗存的相应责任，并与记忆机构的概念密切相关。它包含有形的和无形的文化和自然环境。目前，文化遗产是联合国教育、科学及文化组织（教科文组织）推动的世界遗产运动的一部分。文化遗产包括更多的机构，而不仅仅是博物馆，还对应了与博物馆相关的所有事物，其中包括建筑物、遗址、纪念碑和景观，以及可移动的物品。在对这一领域的分析中，人们提出了一些有趣的问题，例如谁拥有文化遗产？应该保存什么？文化财产法的影响和意义是什么？以及旅游业、虚拟现实的作用等。

身份认同 / 国家地位

在全球语境中，博物馆有时被视为国家的象征，为一个庞大的群体提供身份认同。有时这是有意为之，但并非总是如此。纵观整个历史，有些博物馆一直被用作社会宣传和国家构建的工具。在博物馆参与身份认同和国家建构的更广泛维度上，政治与身份认同（和经济）不可避免地交织在一起。

正如莫伊拉·辛普森（Moira Simpson, 2001）指出的，博物馆可以通过保存物品和语言来定义或重申文化或国家身份认同。例如，在一个部落博物馆，比如俄克拉荷马州波哈斯卡的欧塞奇部落博物馆和图书馆（Osage Nation Museum and Library in Pawhuska, Oklahoma），一个文化群体可以掌控博物馆如何向外界展示。另一个例子是于 1963 年开馆的墨西哥城国家人类学博物馆（Museo Nacional de Antropología in Mexico City）。该博物馆面积很大：23 英亩的展览空间，如果你要看完所有展览，那么你需要漫步 15 千米（将近 10 英里）。路易斯·赫拉尔多·莫拉莱斯 – 莫雷诺（Luis Gerardo Morales-Moreno, 1994）曾作过一项博物馆分析，结论指出，墨西哥国家起源的神话在某种程度上是通过考古学、国家和博物馆之间的共生关系建立起来的。在他的分析中，博物馆将墨西哥的国家历史神圣化，并形成了一种新的国家身份认同，即把西班牙统治之前的历史和 1810—1821 年的独立战争整合起来。另一个例子来自加勒比海（the Caribbean），1980 年巴巴多斯（Barbados）信息与文化部部长注意到了国家博物馆因专注于白人商人和种植园主群体而未能展示巴巴多斯生活的多样性，因此也就无法展现巴巴多斯的历史全貌

（Cummins, 1994）。为了改善博物馆对巴巴多斯所有阶层和文化群体的代表性，该国专门成立了一个委员会，并展开了一场遍及加勒比地区众多博物馆的改革运动。

全球经济

全球经济通常会对博物馆产生间接的影响 —— 尽管博物馆在社会中的表现与国家和全球经济的发展息息相关 —— 因为经济政策和法则会影响博物馆。例如，全球经济的变化可能导致某些国家的货币相对于其他国家的货币贬值，从而导致国际巡回展览项目不平衡，或难以支付进口的档案用品或博物馆文献资料。或者，全球经济的衰退可能导致一些国家的失业率上升或就业人数不足，从而导致向更富裕的国家非法出口文化遗产物品的现象的增多。

商品化

如果不讨论商品化的作用，任何关于博物馆周围更大的环境的讨论都是不完整的。商品是一种既有使用价值又有交换价值的东西（Kopy-toff, 1986）。在西方，货币价值被当作商品地位的指标。最近，公众对博物馆物的价值的认知已从无价之宝转变为一种被赋予的货币价值，以证明其社会价值（比如，某幅油画或某件文物的销售价格创下新纪录的新闻报道经常可见）。举个例子，在《古董路演》（*Antiques Roadshow*）以及类似的电视节目中，文物的标价越高，持有者会更加兴奋、感动和满意。这种文化的商品化趋势已蔓延到了旅游业，其中很大一部分也涉及博物馆。在意大利的佛罗伦萨，我们可以找到关于文化与博物馆商品化的典型案例。佛罗伦萨老城中心 —— 略大于 1.5 平方英里 —— 被称为一个大型博物馆。在佛罗伦萨老城漫步时，从建筑到街道，再到每个角落可见的艺术品，过去的痕迹随处可见。作为一座城市，佛罗伦萨已成为一个重要的旅游目的地，据说暑期当地人要逃离市中心以躲避成群的游客（在一个约35万人口的城市，游客可达数百万）。昔日文艺复兴时期的佛罗伦萨与以小摆件、仿制品和廉价T恤的形式将这段历史商品化之间存在着一种紧张关系。人们可以（付费）参观米开朗琪罗的大卫雕像，然后走出博物馆大门去购买一条正面印有大卫骨盆区域图像的拳击短裤。大部分的文化商品化现象虽然并不那么明显，但是商品化的证据却在大多数博物馆中随时可见，如小饰品、食物、海报、书籍和复制品等商业形式。商品化的思维模式在许多方面极大地影响了博物馆，例如强调文物的市场价值而非其文献或美学价值；将藏品作为可以转换为现金的资产，而忽视了给予作为博物馆核心资源的藏品所应有的保管和阐释；基于可能带来的收益去设计展览和项目活动，无视藏品在完成博物馆使命中所发挥的作用。

有机网络：关系

基恩（Keene, 2002）将博物馆定义为"一个建立并永久维护不可替代和有意义的物质资源，并利用它向公众传播思想和概念的系统"。该定义指出，博物馆是一个深陷循环、反馈循环和网络之中的结构，突出了系统的动态性。在博物馆系统中，各部分之间以及与其他外部系统之间的关系是需要理解的最重要的结构。了解这些关系有助于厘清各个部分之间是如何相互关联的（见图3.5）。

无论考虑博物馆系统的哪一部分，人与物之间的关系都是博物馆概念的核心所在。无论具体考虑的是博物馆工作人员、观众还是非观众，归根结底都是人及其与博物馆物之间的关系。

博物馆中的物具有许多不同的用途、目的、意义和体验。观众可以从意义、娱乐、社交、教育、怀旧、研究、个人关联、身份认同、事件或人物的代表性等维度来体验博物馆物。博物馆工作人员也可以通过

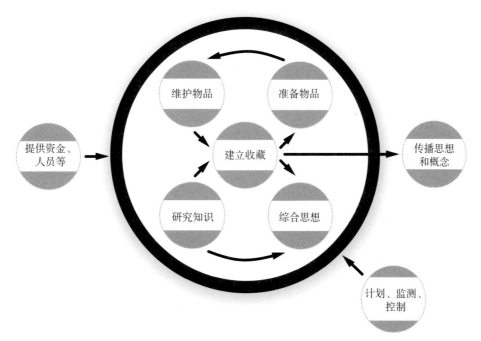

图 3.5 改编自基恩（Keene, 2002）的系统概念，显示出博物馆中的特定反馈回路。

这些方式体验博物馆物，同时也可以从保存、展示、证据、编目、叙事、设计、记忆或其他方面去探究博物馆物。博物馆工作人员可能会思考物的此时此刻以及过去和未来。人与物都是由活动、经验和思想构成的网络的一部分。在此，网络是由相互关联和相互连接的单元组成的系统，是一组复杂的、非线性的通道，可以通过许多并非总是直接的联系来提供信息和交流。在博物馆中，网络概念描述了跨越（across）、围绕（around）和通过（through）物而发展起来的、经由工作人员与观众之间关系而流动的体验和思想。在网络化的博物馆模型（networked museum model）中，博物馆物 —— 博物馆中的所有东西 —— 贯穿于博物馆工作的全过程，深陷于信息和人组成的错综复杂的网络之中，其中每一种关联都代表着一种关系。关于这些关系的更多细节将在探讨以文献为中心的博物馆模型（第六章）时进行讨论。

第四章　博物馆的维度

博物馆的功能

从大多数观众的角度来看，博物馆所做的似乎就是收藏和展示物品。这种观念在大众文化中已根深蒂固，以至于电影、书籍和漫画中博物馆的标准形象就是一栋满是灰尘的玻璃展柜的建筑，柜子里面塞满了文物和标签。然而，博物馆的真正功能要远比这复杂得多。博物馆的定义——"一个建立并永久维护不可替代和有意义的物质资源，并利用它向公众传播思想和概念的系统"（Keene, 2002）——中涵盖了许多功能，这些功能要么笼罩在神秘之中，要么不为大多数公众所关注。本章将探讨博物馆是如何开展工作的——如何展示物品？如何进行藏品的征集、退藏和管理？如何通过公共项目传播藏品信息？一些博物馆如何履行社会功能？如何进行藏品保存？如何发挥博物馆研究的关键作用？

在《博物馆学导论：欧洲方法》（*Introduction to Museology: The European Approach,* 1998）一书中，伊沃·马罗耶维克指出，博物馆的核心功能是保存（preservation）、研究（research）和传播（communication）（见图 4.1）。这三种功能在博物馆系统中协同发挥作用的方式赋予了博物馆作为基于物与人关系的机构（person-object-based institution）的独特特征。下文将结合这三种功能对博物馆系统的运作进行讨论。

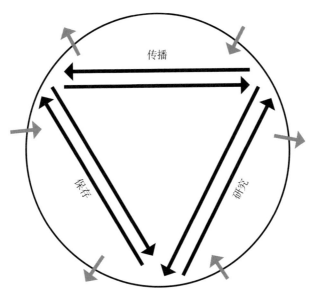

图 4.1　博物馆系统的三个基本功能 [改编自冯·门施（Van Mensch, 2004）]。

保存

纵观博物馆的历史，博物馆收藏之物的保存 —— 以及承认这些物品因拥有独特的信息而值得保存 —— 一直是备受关注的问题。藏品能否存续到未来在很大程度上取决于使用和管理物品的方式和与材料和技能相关的物品保存技术。例如，由于藏品保存技术和管理技能的不足，许多曾出现在图录或插图上的文艺复兴时期珍奇屋中的物品未能在时光流逝中幸存下来。人们耗费了数百年时间才全面搞清楚物品为何会劣化以及如何去保存它们。博物馆中的保存（保护收藏中的物品免于劣化）是一种微妙的平衡，既需要将物品用于展览、学习和研究，又需要在稳定的储存环境中为子孙后代守护好它们。因此，博物馆面临的困境是在履行使命的同时如何很好地利用藏品，因为使用藏品会增加劣化的风险。

数百年来，藏品保管的核心是有序地管理博物馆物并对其制作恰当的标签说明。许多物品劣化的过程非常缓慢，以至于研究馆员们未能注意到他们所保管的物品受到了不良影响（例如，暴露在阳光下而导致的褪色）。包括材料科学、藏品保存和电子数据管理在内的科学技术领域的诸多进步都有助于改善博物馆藏品的保管状况；正如第七章所述，这些进步也影响了博物馆专业人员的角色和职责。例如，藏品管理员和登记员将预防性保护的原则和实践纳入日常藏品的保管工作中，以保护物品免受劣化因素的影响，并为其提供稳定的存储环境。除了这些日常工作外，还有高度专业化的文物保护人员（conservators）和文物保护科学家（conservation scientists），他们开发并帮助完善藏品保管的流程和程序。

修复（restoration）与保护（conservation）

博物馆保存的部分功能会涉及文物保护实践，它源于古老的文物修复实践。文物修复行业 —— 使旧的或损坏的物品看起来重新焕发光彩 —— 可以追溯到文艺复兴时期。数百年来，文物修复工作一直处于保密状态，因为修复师（restorers）对程序和材料的细节严加防范，不愿意向他人透露他们的技艺。不幸的是，许多常用的修复方法和材料都不利于被修复物品的长期存续。尽管修复师可能会将一件物品弄得看起来更好，但修复工作几乎无法保持其历史的完整性或延长其使用寿命（useful life）（即在不损失数据的情况下从物品中获取信息的时间）。这种情况在 19 世纪的博物馆中发生了改变，因为作为一种新职业 —— 文物保护（conservation）出现了，并开始逐渐取代了修复师的旧有的、秘密的修复方法。最早明确提出重视保护博物馆物的历史和物质完整性的两位专业人士分别是英国艺术专家约翰·拉斯金（John Ruskin）和法国的欧仁·维奥莱-勒-迪克（Eugène Viollet-Le-Duc），前者在他的两本最具影响力的书《建筑的七盏明灯》（*The Seven Lamps of Architecture*）和《威尼斯的石头》（*The Stones of Venice*）中阐明了文物保护的理念，后者的观点则集中体现在他的《11 世纪至 15 世纪法国建筑词典》（*Dictionnaire raisonné de l'architecture française du XIe au XVe siècle*）中。拉斯金和维奥莱－勒－迪克的著作和观点激发了一代艺术品修复师对其所做工作的深刻反思，并为未来保存博物馆物寻找更好的方法。这带动了现代文物保护实践与理念的发展：从 19 世纪到 20 世纪，以科学为基础的保护原则和实践逐渐取代了以往的修复原则和实践。尽管保护与修复的某些方法和材料是相似的，但文物保护采取了比修复更科学的方法，更强调对流程、可逆材料的使用和对程序的全面记录和存档。换句话说，透明度取代了保密。

修复师（restorer）关注的是物品的外观，而文物保护人员（conservator）关心的是物品的历史和材质如何影响其外观。我们用一个很好的实例去探讨适用于单件物品的基本保护方法，芭芭拉·阿佩尔鲍姆（Barbara Appelbaum）在《文物保护处理方法》（*Conservation Treatment Methodology*）一书中将其描述为环环相扣的八个步骤：

- 仔细检查并描述该物品现状。
- 研究该物品的历史并对其进行存档。
- 确定该物品的理想状态，即物品在处理后的外观。
- 提出一个现实的处理目标。
- 选择和记录处理所用的方法和材料。
- 在文物保护人员的现状报告中详细记录处理前该物品的状况。
- 该物品的保护处理工作由训练有素的文物保护人员进行。
- 在文物保护人员的另一份状况报告中详细记录处理后该物品的状况。

与修复不同，文物保护人员不使用秘密方法或材料。为了使文物看起来更好或更加稳定而进行的所有操作都要经过仔细考虑并进行文档记录，让整个流程透明化。与修复不同的还有，文物保护人员进行的几乎所有操作都必须是可逆的、可辨识的，以便在将来需要时清除所做的处理。

博物馆物的保护是一项耗资巨大的工作，因为任何一件物品的保护都需要花费大量的时间，通常使用昂贵的材料和烦琐的程序，并需要由一名经过多年训练且掌握了专业技能的人员来完成。因此，只有那些大型的博物馆才有专职的文物保护人员；大部分博物馆的文物保护工作会外包给独立的文物保护专业人士。尽管如此，保护原则和实践的发展对如何进行藏品管理产生了深远影响。大约在 1900 年以后，博物馆开始更加关注收藏之物如何以及为何会劣化。作为长期关注藏品保管的结果，博物馆里出现了登记员（registrar）和藏品管理员（collection manager）这样的职业。

预防性保护（preventive conservation）

自 20 世纪 70 年代中期以来，博物馆的藏品保管一直以预防性保护的理论和实践为主导，该概念指的是采取措施延长收藏之物的使用寿命，例如提供稳定的存储环境、控制虫害和避免文物过多暴露在光线下。当人们越来越意识到很多传统的保管方法无法有效解决藏品劣化问题时，预防性保护的理念就出现了。在实践中，预防性保护强调藏品评估、风险管理、对导致物品劣化的因素作出回应，以及战略规划。根据预防性保护的理论，收藏之物的使用寿命可以通过以下四种相互关联的活动来延长：

- 预防性保管（避免劣化）；
- 对损毁的物品进行处理；
- 研究物品保护的方法；
- 对物品所做的保护活动进行档案记录。

较之于试图从劣化中恢复的做法，防止藏品劣化的性价比更高，而且对藏品更有益。通过了解导致物品和标本劣化的因素，藏品保管资源可以更好地用于长期文物保存。

根据加拿大保护研究所（Canadian Conservation Institute）的研究，预防性保护的一个关键层面是应对所藏之物劣化的十种因素：

- 物理作用力（突然冲击、振动、磨损）；
- 盗贼和故意破坏藏品的人；
- 分离（导致物与信息分离的无序化）；
- 火灾；

- 水灾；

- 藏品虫害；

- 气体或颗粒污染物；

- 辐射（紫外线、可见光和红外线）；

- 不适当的温度；

- 不适当的相对湿度。

应对这十种劣化因素的措施包括：

- 避免上述因素；

- 阻碍或阻止上述因素的发生；

- 检测因上述因素而造成的损坏；

- 应对由上述因素而造成的劣化；

- 在藏品发生损坏后进行恢复。

藏品管理（Collection Management）

藏品管理指的是为保管博物馆化的物品（成为博物馆收藏之物）免受十种劣化因素的影响、延长收藏之物的可用年限，并让使用者可以访问该藏品及其相关信息所采取的一切措施。藏品管理始于登记，并持续贯穿于藏品在博物馆中的整个生命周期，甚至更久，因为即使该藏品不再属于博物馆，但其记录仍会保存下来。

登记和藏品管理（Registration and Collections Management）

物品被博物馆化的全过程被称为登记（registration）。登记包括确立物品的所有权，在物品与其相关信息之间建立联系，并将其加入博物馆藏品清单。如果登记系统不完善，那么可能会导致博物馆藏品价值的损失（例如，出现物品与其文档记录或追踪号码分离的现象）。根据博物馆的不同情况，登记可能包括以下几个任意独立的流程：征集、入藏、编目、编号、制作标记和标签。

征集（acquisition）是指获取馆藏物品的过程（如购买、田野采集、考古发掘、交易、捐赠）。一件物品一旦被接收纳入博物馆的收藏，那么就意味着它被入藏（accessioned）了（其所有权即被合法地转移给博物馆）。作为入藏流程的一部分，该物品通过分配获得一个入藏号码（accession number），用于追踪该物品及其相关的文档记录。入藏流程会产生一个入藏记录（accession record），其中包括物品的来源、历史和所有权等相关信息的文档记录。在某些博物馆，追踪某件物品不使用上述提及的入藏号码，而是使用另外分配的用于追踪的登记号码（registration number）或编目号码（catalog number）。

不管怎样，所有的博物馆藏品都会被分配一个唯一识别编码。识别编码（入藏号码、登记号码或编目号码）要么直接标记在物品上（见图4.2），要么标记在物品的吊牌或标签上，上述两种标记识别编码的方式应该是可逆又安全的。

图4.2　完成了编目及编号的标本，宾夕法尼亚州立大学地球与矿物科学博物馆与美术馆。

（摄影：作者）

一旦完成入藏并标记了识别编号，该物品将在藏品存储排架（collection storage array）（用于保持藏品有序存储的系统，包含用于保护藏品的存储设备和支架）中被分配一个位置。由于所藏之物的类型、可用空间和资金、藏品使用方法的不同，每个博物馆的存储排架差异很大。表4.1描述了一些构成藏品存储排架基础的通用排序系统。藏品存储排架的排序系统是为保证每件物品只有一个指定的安放位置而设计的。这样可以最大限度地减少物品的误置和丢失的可能性。

表 4.1 藏品存储排架的通用排序系统

博物馆类型	排序系统
艺术博物馆	艺术家的名字 年代 介质（制作材料） 类型
自然史博物馆	根据生物分类排序系统
地球科学博物馆	时代 地层 化学成分
历史博物馆	材料（成分） 主题类别（如何使用文物） 类型 陈霍尔博物馆编目系统（Chenhall nomenclatural system）
人类学博物馆	材料（成分） 地理起源 文化关联

博物馆物的大部分时间是在存储空间中度过的，因此藏品管理系统必须包括一个稳定的存储环境，以帮助延长物品的可用年限。请注意，展览是一种存储形式，因此也应该具备适当的环境和安保措施。

登记不仅包括对藏品内容的定期清点，还包括物品不在存储排架中时的追踪系统。藏品清点的方式各异，从小规模收藏的年度的逐件核查，到大型博物馆按时间计划表对特定的部分藏品进行定期核查，不一而足。入藏号码、登记号码或编目号码用于跟踪那些为了展览、活动项目、研究或学习，或借给其他机构而从藏品库房中移出的物品（参见下文"藏品及藏品信息的可及性"）。

随着时间的推移，收藏和博物馆都会有所变化，因此，物品有时可能需要被退藏。退藏（deaccessioning）是入藏的反义词，指的是将一件物品从收藏中永久性移除。尽管退藏与收藏实践一样古老，但是由于法律和道德方面的原因，它仍然是一种有争议的做法。有些人认为博物馆应该永久保存这些收藏之物，但在实践中这几乎是不可能的，因为物品可能会劣化，可能会因为机构使命的改变而变得无关紧要，也可能会变得过于昂贵而难以维护。博物馆全面负责所藏之物的征集、保护、管理和保管，因此，退藏是藏品管理的一个重要手段，它能使博物馆的资源集中投入到可以帮助博物馆完成使命的收藏之物身上。另一个有争议的问题是如何使用从退藏中获得的收益。对此，美国博物馆联盟采取道德立场，认为所有从退藏中获得的收益只能用于藏品保管工作，但有些博物馆专业人士并不同意这一立场。

前博物馆管理者、法律专家史蒂芬·E. 威尔（Stephen E. Weil, 1987）在一篇深思熟虑的文章中就退藏的决定提出三个重要观点：

- 收藏中每件物品的保留都关系到博物馆的持续性开支（如存储、保管和管理成本）。
- 退藏有时是为了筹措资金，这些资金可用于收购对博物馆使命和收藏计划更重要的其他物品。
- 将一件物品退藏后转让给另一家博物馆，尤其是同行机构，可能会更好地服务于博物馆社区、学科及物品本身。

当博物馆与另一机构交换某件物品或将某件物品赠予另一机构，或当某件物品被确定不再适合收藏时，退藏通常就会发生。因为任何一件收藏之物的存储和保管都需要一定费用，所以退藏有助于博物馆更明智地使用其藏品保管资源。需要指出的是，博物馆应仔细地考虑退藏并做好记录，即使这些退藏物品已不再归该博物馆所有，博物馆也应该永久保存退藏的相关记录。

藏品及藏品信息的可及性

在历史的大部分时间里，博物馆的藏品及其相关信息的可及性一直都是严格控制的，但是现在人们普遍认为公众应该有合理的途径获取所藏之物及其相关信息。当然，这并不意味着在任何时候都必须可以获得所有藏品及其相关信息。相反，合理的接触就意味着博物馆应当根据物品的脆弱性、藏品信息的敏感性、与某些物品相关的文化习俗和信仰来制定限制性规定。例如，位于华盛顿州尼亚湾的马卡文化与研究中心（Makah Cultural and Research Center in Neah Bay, Washington）在其部落档案材料中收藏了一批口述史录音资料。不过，这批录音只能在马卡长老（Makah elders）允许的情况下才能使用，因为某些部落的知识是受限制的，不能与非部落成员分享。在另一个案例中，霍皮族长老（Hopi elders）告诫芝加哥菲尔德博物馆（Field Museum in Chicago）的工作人员，根据他们部落的信仰体系，孕妇 —— 即使不是美洲原住民 —— 也不适合从事藏品中与霍皮族的克奇那神（Hopi kachinas）相关的工作。而在其他一些博物馆，某位正在进行某项研究的学者可以获得在特定时期内优先于其他研究人员使用部分收藏及其记录的权利。

一种可以让公众接触到博物馆收藏的重要方式是将物品出借给同行机构进行展览或研究。所藏之物的借入和出借是一项重要的博物馆实践。出借是一种不改变所有权的临时托管，因此，出借总是有期限的。由于出借意味着物品的临时转移，因此出借协议应始终包括终止日期。曾经，长期出借和开放式出借（没有结束日期或续借日期）在博物馆界相当普遍，但现在却被认为与最佳实践背道而驰。永久出借（permanent loan）曾经很常见，但这是一种矛盾的表述，不应该再使用。出借博物馆收藏之物是一种法律契约，与所有契约一样，出借文件应包含约定条款。

从法律上讲，出借分为三大类，每一类对所涉物品的保管责任各有不同，这取决于契约中哪一方从中获利最大。当出借是为了满足出借人的主要利益时，出借人应承担大部分责任（例如，正在整修的博物馆可能会将部分藏品出借给另一家机构，以便为整修工作腾出空间）。最常见的一种出借类型是优先考虑借用人的主要利益，这意味着借用机构承担保管物品的主要责任。在某些情况下，出借也可能会实现双方的共赢，在这种情况下，双方应平均分担责任。

归根结底，博物馆工作人员有责任在保护和利用之间的微妙平衡中保管好藏品。在任何情况下，稳定的存储环境是保证物品可用年限的关键。只要将物品从存储环境中取出，那么它就会被置于更大的劣化或损坏的风险之中。有些物品完全是因为太过脆弱而不能出借（或者，在极少数情况下甚至不能展出）；有些物品极其容易损坏和受到劣化因素的影响而只能展示有限的时间。博物馆工作人员必须根据每件物品的具体情况作出相关的实体访问的决定，比如应基于物品保管的需要去权衡使用者的需求，以确定什么可以做和什么不可以做。博物馆可以在保护物品的同时，通过作为虚拟展览的在线方式提供物品图像及其相关信息、建立使用者可访问的数据库及其他方式提高藏品的可及性。有些博物馆制作了可以在线上或通过展厅中的计算机站进行访问的详细的数字化藏品图像。如今，越来越多的博物馆将其藏品数据库放到了网上供使用者访问。

电子数据管理

在20世纪70年代末和80年代初开始引入电子数据库系统之前，几乎不存在藏品登记或管理系统的标准。尽管差不多所有的博物馆都有登记和跟踪其所藏之物和相关信息的系统，但这些系统在博物馆之间、博物馆内部的不同部门之间差别很大。档案记录要么是手写的，要么是打印在档案卡片上的，要么是装订成册的分类账簿，要么是放在文件夹或笔记本中的纸片。

在图书馆证明了计算机在管理庞大信息方面的有效性之后，博物馆才开始使用计算机，但是由于缺乏标准化的登记程序和健全的命名系统，其在博物馆的发展受到了阻碍。尽管如此，计算机化使博物馆向其使用者提供更多信息成为可能，而且数字化和虚拟展览也使博物馆可以提供更多藏品的电子访问资源。

计算机化的藏品数据库有两个基本功能。首先，它可以快速而高效地访问藏品记录，允许新的访问方式，并且减少了转录错误。其次，一个好的数据库是一个有价值的藏品管理工具，可用于清点藏品、出借记录、跟踪展览中的或正在处理的物品、查找物品的状况报告、跟踪物品的使用历史、重新分类新用途的信息、综合病虫害管理（跟踪病虫害的爆发和监测、处置病虫害活动）、制订藏品移动或移库计划，以及其他用途。

研究

没有博物馆学研究，博物馆只是装满物品的仓库而已。然而，研究是博物馆最不被理解的功能，也是最常被忽略或忽视的功能。博物馆研究始于对收藏之物的研究，但又远远超出了收藏之物的范围，还延伸到藏品的信息以及围绕这些藏品而形成的相互关联的网络。博物馆学的研究内容包括对物品的来源（所有权的历史）、重要性以及历史和文化关联的调查，也可能包括对物品的形制或材质、物品的制造、使用或其文化或科学价值的研究。一般而言，博物馆的研究目的与藏品或博物馆本身、展览的制作或学术研究（包括博物馆学和学科具体内容的研究）等方面有关。在某个特定博物馆进行何种研究通常取决于藏品的特点、藏品的可用信息以及研究人员的兴趣。

有些作者认为，在20世纪后半叶，研究工作从博物馆转移到了大学，但这只是部分事实。现在，大量的研究仍在博物馆中继续进行，但往往被现在来自大学的研究数量所掩盖。正如康恩（Conn, 1998）指出的那样，在20世纪初，美国的大学不过是些精修学校（finishing schools）[①]，大多数原始研究依然是在博物馆中完成的。20世纪下半叶，大学变得更加以研究为导向，如今大学的研究产出已远远超过博物馆，尽管研究仍然是很多博物馆的一项重要功能。博物馆研究经常被忽视的一个原因是，许多利用博物馆藏品所做的工作是由来自大学和其他机构的研究人员完成的，而他们不是博物馆工作人员。

最常见的博物馆研究指的是基于物的调查（object-based investigation）。例如，自然史博物馆的大部分研究是直接基于藏品使用而开展的，比如识别动植物的新物种及其进化关系，这需要对大量的标本进行分析。在人类学博物馆中，大多数基于物的研究来自物质文化的研究，这也需要大量的藏品。大型艺术博物馆和大多数大学的艺术博物馆，开展基于博物馆收藏之物的重要研究，特别是加大了对展览图录的资金支持。与之形成鲜明对比的是，一般情况下，大多数历史学家在研究中并不会广泛使用文物。

在几乎所有的博物馆中，通过展览、公共项目等方式对藏品的阐释都需要开展广泛的研究。除了在工作中直接使用物品外，包括针对单件物品的保护［通常称为工作台文物保护（bench conservation）］和预防性保护在内的大部分研究都是基于博物馆藏品的使用而开展的。博物馆藏品之所以具有很高的研究价值，其原因包括：单件文物的历

---

① 译者注：Finishing school，精修学校。按字面翻译是"完成学校"。精修学校的历史可追溯至19世纪。当时欧洲上流社会认为，女孩子接受基本教育后，再进入精修学校学习，才算"完成"教育。

史记录（来源）、可供研究人员使用的数量和种类、藏品存储排架中
物品的顺序和排列、大多数博物馆藏品的深厚历史（几十年来征集到
的各种相关物品），以及博物馆藏品通常都得到相对良好的保管这一
事实。

传播

　　传播具有从个人到组织的多种形式。在博物馆中，传播是一直存在
的，因为向不同的观众传播博物馆的内容是它们的事业。本书关于博物
馆的定义指出，博物馆的主要工作之一是"向公众传播思想和概念"。
过去，这种传输在很大程度上是单向的，由研究馆员确定或选择观众应
该了解的信息进而决定展览内容。目前，尽管这种情况仍在发生，但来
自观众的反馈使得博物馆的传播成为双向的。传播是信息在博物馆内传
递循环的一部分。从信息的角度来看，博物馆关注的是：
　　• 信息的生成；
　　• 信息的延续；
　　• 信息的组织；
　　• 信息的传播。
　　信息的生成（generation of information）是对博物馆藏品或藏品所在
的博物馆情境进行调查和研究的结果。信息主要生成于收藏之物，同时
也来自藏品保护、藏品保管和管理、藏品展示、项目创建和基于藏品的
研究等。
　　信息的延续（perpetuation of information）是指对藏品及其档案资料
的保存和保护。这既包括与物品相关联的原始信息，也包括通过使用和
阐释藏品而生成的信息和知识。
　　信息的组织（organization of information）指的是在离散的信息元素

间建立关系，将数据与馆藏物品连接起来，以及使用分类或组织方案提供可用的博物馆信息。过去，需要管理的信息数量和组织信息所需要的时间限制了可供使用者获取的信息。电子数据管理的一个巨大好处是，博物馆现在可以组织比过去更丰富、更多种类的信息，从而更好地履行博物馆的使命，更好地为公众服务。

信息的传播（dissemination of information）需要建立和维持开放的信息渠道。这包括获取档案记录和所藏之物本身、展览、教育方案、出版物（出版意味着公开，包括印刷、电影、电子以及其他方式）。

在博物馆里，传播几乎涉及博物馆的所有工作。下文将着重介绍对博物馆运作起核心作用的传播的几个层面，包括与公众的交流（communication with the public）、通过阐释的传播（communication through interpretation）、社会文化传播（sociocultural communication）和个人传播（personal communication），特别是通过灵感激发和意义构建的形式进行的个人传播。这些不仅是博物馆的传播形式，也是有助于阐明博物馆传播功能的最常见的方式。

与公众的交流

在希腊化时期（Hellenistic period），现代博物馆的前身是精英教师利用私人收藏向其学生施教的地方。文艺复兴时期，以珍奇屋的形式而存在的博物馆服务于更广泛的受众，包括权贵、学者和部分艺术家。近代早期以来，博物馆越来越多地被用来向公众和其他博物馆使用者普及教育。在某些情况下，博物馆已经成为阐释社会变革的主体。最近，展览策略的发展趋势和观众研究的推进，促使博物馆变得更加以使用者为中心，从而增加和提升与博物馆观众的交流。

通过阐释的传播

博物馆的传播部分是基于向博物馆的观众阐释博物馆化事物进行

的。阐释是指一种旨在通过使用物品、说明手段和叙述技巧来揭示关系和意义的交流过程。它不是简单地传播事实性信息，还涉及策略、翻译、原则和技术。如果做得好，阐释是非常有力的，能激发出情感、灵感和智慧。在《博物馆变迁》（*Museums in Motion*, 2008）一书中，爱德华·亚历山大（Edward Alexander）和玛丽·亚历山大（Mary Alexander）描述了现代博物馆阐释的基本要素：

- 阐释具有教育目的（揭示意义，传授知识）。
- 阐释是基于物品进行的。
- 阐释是由藏品研究、受众研究和项目分析支撑的。
- 阐释调用了感官认知、文字和语言表达。
- 阐释是非正式学习的一部分。

社会文化传播

为了应对社会的压力和需求，博物馆在许多方面都作出了改变。最近的一个例子是，现在很少有博物馆再以 20 年前的传统方式来展示美洲原住民的人体遗骸。对博物馆来说，应对社会压力可能是个棘手的问题，因为物品的阐释往往会产生文化冲突。例如，一种文化希望自己的物品和知识以某种特定的方式得到尊重和对待，而另一种文化则出于利他主义的考虑而认为同样的物品和知识应该向公众开放。批评家蒂芙尼·詹金斯（Tiffany Jenkins）认为，博物馆出于对宗教和文化理想的敏感而对某些物品的访问设限，与此同时，这么做已经危及公众获取博物馆藏品访问权。一些案例印证了这一点：

- 在英国纽卡斯尔的汉考克博物馆（Hancock Museum in Newcastle, UK），女性职员被告知，她们不被允许去看来自澳大利亚阿伦特人（Arrernte）收藏中的男性丘林加图腾（male churinga totems）；
- 在伦敦的维多利亚与艾伯特博物馆（Victoria and Albert Museum），

根据宗教顾问的意见，某些基督教收藏需要与犹太教收藏分开放置。

这些事例表明，这种情况下协商是多么的困难。一方面，博物馆想要尊重文化传统，但另一方面，博物馆应该对所有的公众开放并让他们从藏品中受益。对于这些困境，没有简单的、一刀切的解决方案。每一个问题都必须在充分考虑所有可用的信息和意见的前提下予以认真解决。可以呼吁相关社区的成员提供意见，也可以成立常设社区委员会。例如，美洲原住民社区领袖可能会被邀请与博物馆工作人员和人类学家共同讨论某些物品是否应该展出，如果可以展出的话，那么应该如何去阐释和展示。尽管越来越多的关于博物馆如何作出此类决定的著述可以提供一些指导（例如，Dubin, 1999; Mihesuah, 2000; Sherman, 2008; Simpson, 2001; Sleeper-Smith, 2009），但找到最佳的解决方案绝非易事。

尽管所有物品都具有一定的物质价值（也称为市场价值），但在博物馆中，物品可能因其与文化的关系而更具价值。物质价值也是一种社会建构，尽管其更依赖于物品的物理性而非其文化关联。例如，长期以来，黄金和白银都具有很高的物质价值，特别是在欧洲文化中。当西班牙人抵达美洲时，在印加人（Incas）看来，西班牙人所寻求的金银远没有生活在安第斯山脉（Andes）高海拔地区美洲驼（llama）的一个小的种属 —— 小羊驼毛（vicuña）珍贵。当时，印加人用黄金和白银做公共的装修和装饰，但只有最高级别的印加皇室成员才可以穿戴小羊驼毛编织的衣服。印加人之所以会赋予黄金和白银很高的文化价值，是因为它们被认为是神圣的金属，但他们的信仰体系并不认可西班牙人赋予金银的内在物质价值。这些差异才使被俘的印加统治者阿塔瓦尔帕（Atahualpa）有可能在短短两个月的时间里，将一个长22英尺、宽17英尺、高8英尺的房间填满（一次用黄金，两次用白银），只是为了试图从西班牙人手中获得自由。

物的文化价值

知识和文化价值是社会建构的。有些文化价值是显而易见的，但有些可能是很微妙的，以至于很容易被忽视。例如，自由钟（Liberty Bell）在今天被视为美国独立战争的象征物。自由钟每年都吸引着成千上万的游客，尽管它现在所处的环境与奠定其标志性地位所在的环境完全不同。事实上，自由钟是后来被赋予了文化光环才成为标志性物品的一个典型案例。此钟从伦敦运抵殖民地后不久就在敲钟时破裂了，但被推定是 1776 年 7 月 8 日《独立宣言》（Declaration of Independence）首次在费城公开宣读时敲响的钟之一，不过并没有证据支持这一说法。直到美国独立战争后约 75 年，此钟因为出现在 1847 年广为流传的一部短篇小说中才获得了其象征性地位。此钟最初悬挂在后来成为独立大厅（Independence Hall）的宾夕法尼亚州议会大厦（Pennsylvania State House）；1976 年，它被搬到了附近的自由钟展览中心（Liberty Bell Center），现在游客需排队数小时才能看到它。奇怪的是，排队观看被孤独地摆放在玻璃房子里的自由钟的人远远多于排队参观独立大厅的人，而无论以何种标准衡量，独立大厅都是美国历史上具有重要意义的地方。自由钟的标志性地位却远远高于独立大厅，这种现象只能在文化价值如何被塑造的情境下予以理解，而许多博物馆物品的重要意义正是由这些文化价值所赋予的。

在这件事上，西班牙人对财富的欲望极具讽刺意义：那些被熔化以方便运回西班牙的做工复杂的手工金银制品，如果没有被熔化成金银锭的话，那么今天的价值要高得多了，而小羊驼毛今天仍然是世界上最昂贵的天然纤维。

个人传播：灵感和意义构建

随着博物馆不断完善在社区中的目的和角色，博物馆工作人员努力为观众在学习和意义构建方面建立更紧密的联系。在此过程中，他们密切关注到观众与博物馆内的物品和思想之间的个人联系。博物馆工作人员逐渐认识到，博物馆藏品的内容和意义对于每一位参观观众来说都是不同的。构建意义是阐释博物馆物品、展览和项目以及与它们进行互动的一个关键层面。管理、阐释和陈列藏品的方式能够影响人们与物品互动的方式，从而构建意义（比如，通过物品的可及性和查找相关信息的便捷性）。

博物馆中的意义构建涉及学习，学习被定义为一个通过与物品及其文化关联的互动来构建新思想和新认识的动态过程（Tishman, 2007）。在博物馆里，观众可以通过三种方式从物品中获得意义：从与物品有关的资料中；从对物品的阐释中；从物品与周围的人与事物（当然也包括观众自己）的相互关系中（Maroević, 1998）。博物馆的成功运行端赖于努力实现丰富的观众体验的有意识行动。信息和物件可能具有各自独立的价值，但当物品及其相关信息与个体观众的特点之间发生关联时，两者的质量和意义都会得到提升。当人们能够与物品建立个人联系时，这能够为他们带来强大的体验，不仅创造了持久的记忆，也提升公众眼中博物馆的价值（Wood and Latham, 2013）。

第三部分

是什么

第五章　博物馆的种类：一部博物馆学"寓言集"

种类繁多的博物馆

在将博物馆作为系统进行探索的过程中，人们注意到博物馆之间的相似性比差异性更为重要。本章就各种各样的博物馆，或博物馆的种类（species of museums）进行分析。在审视一些传统和不那么传统的博物馆类别时，我们需要牢记，无论其藏品内容如何，从系统的角度来看，博物馆及其他博物馆机构（museal institutions）具有包括所有类型博物馆在内的结构、流程和概念基础。尽管博物馆的内容（收藏的内容）看起来比博物馆学（概念性）和博物馆志（实践性）层面的博物馆工作更为重要，但事实并非如此。归根结底，无论博物馆所藏之物为何种类型，所有的博物馆藏品都必须得到妥善保管并可供使用。虽然藏品内容以及如何使用所藏之物显然很重要，但博物馆工作更加重要，远不止通晓某门学科那么简单。例如，一个人可能是热带青蛙或中世纪荷兰艺术的专家，但仅凭这些知识显然不足以胜任热带青蛙或中世纪荷兰艺术收藏的管理工作。正是对博物馆学（概念性）和博物馆志（实践性）层面的藏品工作的了解，才能使人成为成功的博物馆收藏专家。

究竟为什么要探究博物馆的类型呢？按类别对博物馆进行分组常常有很好的理由。例如，在为馆藏物品征求意见或寻找潜在新家时，分类可以帮助博物馆工作人员识别到同类机构；资助机构通常使用博物馆分类以确保它们可以合理地分配资源；这样的区别有助于公众就他们想要参观的博物馆作出准确的决定；博物馆分类还可以发现自然与文化遗产保护体系中的不足之处。

提到博物馆时，大多数人通常会想到艺术、历史和自然这三大类别中的一类。然而，正如第二章所讨论的那样，博物馆起初是作为物品收藏，并不是作为专门机构（specialized institutions）而出现的。在文艺复兴时期，"博物馆"（museum）一词被用来描述规模越来越大的收藏，无论收藏之物是什么。在博物馆历史上，这些基于物的收藏机构被区分为艺术博物馆或科学博物馆等类别是很晚近的事情。

自博物馆诞生以来，现代博物馆发生的最深刻变化是专业化，这是由博物馆藏品的规模和收藏范围的扩大引发的，这种变化使得单一的机构难以进行广泛的收藏也无法保证阐释大批量藏品所必需的专业知识。在 20 世纪，随着博物馆更明确地界定了自己的角色和目的，主题和使命的概念也开始在博物馆专业化方面发挥作用，许多有意识地聚焦于自身使命的小型博物馆应运而生。

当然，一些似乎要收藏一切的规模庞大、包罗万象的博物馆依然存在，这些机构有时被称为普世性或综合性（universal or general）博物馆。普世性博物馆的一个典型案例是古老的大英博物馆，它建于 1753 年的伦敦，成立的目的是为了炫耀其已然很庞大的人类学、艺术、历史、科学的收藏和一家图书馆。随着大英博物馆的发展，其中一些藏品被剥离到诸如自然史博物馆和大英图书馆（British Library）等其他机构。相比之下，另外一家普世性博物馆 —— 加拿大多伦多皇家安大略博物馆（Royal Ontario Museum in Toronto）自 1912 年成立以来虽然得到了广泛发展，但它仍然是一个单一的机构，被公认为世界一流博物馆之一。大多数人以为史密森学会是一个单一的普世性博物馆，但它开始只是一个自然科学博物馆，后来才发展成为一个由 19 个博物馆、1 个动物园和 9

个研究中心组成的庞大综合体。

博物馆也可以按规模、主题、预算、收藏内容、使命、受众以及更多其他特征进行分类。任何分类方案都不是最佳的，事实证明，分类方案中的区别大多是相当模糊的（例如，如何区分小型、中型和大型博物馆），但当用于比较时，很多分类方案还是有用的。

当然，世界上有各种各样令人眼花缭乱的博物馆。从某种程度上来说，博物馆的定义问题（如第一章所述）导致美国的博物馆数量没有精确的统计数字。根据美国博物馆联盟（未注明日期）的估算，美国博物馆的数量约为 17 500 家，而根据遗产保护组织（Heritage Preservation）的估计，该数量约为 30 000 家；后者在估算时将档案馆、图书馆、科学研究性收藏和考古资料库包括在内。根据遗产保护组织（2005）的一项调查，对美国博物馆藏品总数的估算也很宽泛，数量高达 48 亿件。这是一个令人印象深刻的数字，尤其是考虑到美国 75% 的博物馆是在 1950 年之后建立的这一事实。不管怎样，美国的博物馆每年接待约 25 亿观众，带来约 90 亿美元的收入，雇佣近 8 万名员工。

根据美国最新的数据（见表5.1），历史博物馆和历史遗址占博物馆总数的 55.3%；另外 14.8% 是艺术博物馆；所有其他博物馆加起来占其余的 29.9%。

在美国，60% 的博物馆是私立机构，40% 是政府机构。大多数政府拥有的博物馆（government-owned museums）设立在州和地方一级；只有 7% 的博物馆隶属于联邦政府。大多数博物馆的规模不大：从年度预算来看，只有 8% 的博物馆超过 100 万美元，57% 的博物馆为 10 万美元或更少，38% 的博物馆低于 5 万美元。这些预算资金从何而来？美国博物馆的资金来源也非常多样化：36.5% 来自捐赠，27.6% 来自收入（主要是门票和礼品店的销售），24.4% 来自政府支持（地方、州和联邦的总和），而 11.5% 来自投资（Bell，2012）。

表 5.1　美国博物馆类型

博物馆类型	所占百分比（%）
历史博物馆	29.8
历史遗址	25.5
艺术博物馆	14.8
综合性（包括一种以上藏品类型）博物馆	8.6
专题博物馆	5.7
植物园和树木园	3.8
自然中心	3.6
自然史与人类学博物馆	3.0
科学中心	2.2
动物园	1.6
儿童博物馆	0.8
天文馆	0.5
水族馆	0.2

根据美国博物馆与图书馆服务研究所的数据制表（未注明日期）。

　　无论实际数量是多少，美国博物馆种类繁多：包括艺术博物馆、国家博物馆、历史建筑、音乐博物馆、调料博物馆，当然还有动物园、水族馆和植物园。其他类型的博物馆，包括儿童博物馆、军事博物馆、蜡像馆、名人堂、战争博物馆、自然中心、天文馆和总统图书馆。新上榜的还有技术中心、企业博物馆、民间艺术博物馆、医学博物馆、科学中心和交通博物馆，不包括那些只存在于网络空间的新型博物馆。在本章中，我们对博物馆进行整理并分类，以便更好地了解博物馆的多样性和基本结构。

传统类别：以学科为基础的博物馆

以特定研究领域为基础的博物馆 —— 也就是以专业学科为基础的博物馆（subject-discipline-based museums），或者更简单地说以学科为基础的博物馆（discipline-based museums）—— 是大多数人思考博物馆时率先想到的。博物馆的三大类型分别是艺术博物馆、历史博物馆和自然史博物馆，但这样的类别划分非常宽泛。例如，艺术博物馆既包括收藏几乎任何年代或地理位置的艺术作品的大型综合性机构，也包括专注于某一特定地区艺术的博物馆，还包括聚焦于某个艺术家甚至艺术家生命中某个特定时期的博物馆。另外两种以学科为基础的传统博物馆类型也是如此。下文将详细论述这些传统的、众所周知的博物馆类型 —— 艺术博物馆、历史博物馆、自然史与人类学博物馆。

艺术博物馆

如上所述，艺术博物馆的范围很广：从综合性机构，如纽约大都会艺术博物馆；到致力于特定艺术家艺术创作的机构，如西班牙菲格雷斯的萨尔瓦多·达利博物馆（Salvador Dali Museum in Figueres, Spain）；再到特定地理区域的艺术作品，如澳大利亚阿米代尔的新英格兰地区艺术博物馆（New England Regional Art Museum in Armidale, Australia）。艺术博物馆还可以细分为收藏精美艺术的博物馆、收藏工艺和应用艺术的博物馆、收藏民间艺术的博物馆。总体来说，艺术博物馆是以审美哲学为基础，对艺术本质和艺术欣赏及其在文化中的地位进行批判性反思的机构。什么是艺术、哪些艺术品应该被纳入博物馆收藏都是由具有学者和鉴赏家专业知识的博物馆研究馆员决定的。艺术博物馆收藏的大部分物品都是用来展览的。从历史上看，艺术博物馆并没有吸引广大的公众，而更偏向于受过良好教育、普遍富裕的那部分公众。不过，如今的大多数艺术博物馆都在试图吸引更广泛的观众。

尽管教育在艺术博物馆中从未像美学在藏品建设中那样获得强大影响力，但是艺术博物馆在美国的发展一直受到教育政策的影响。艺术博物馆中美学影响充分体现在与展品相关的阐释内容的数量上。站在传统艺术博物馆的展厅里，最显著的特征就是展览标签上的文字量。艺术博物馆的展签通常只有只言片语，阐释性的文字更少见。在大多数其他类型的博物馆里，展品都有阐释性的展签；而艺术博物馆的展签可能只是简单的展品标识。值得注意的是，现在许多艺术博物馆正在打破这种惯例，提供更丰富的展签文字以及更多的阐释内容，例如底特律艺术博物馆和芝加哥艺术博物馆（Detroit Institute of Arts, Art Institute of Chicago）。传统艺术博物馆的其他特点是，收藏的作品通常都是特别的、独一无二的、原创的，与工作人员规模相比，博物馆的藏品往往相对较少。

历史博物馆

历史博物馆通常专注于某个地理区域，例如堪萨斯历史博物馆（Kansas Museum of History），或一个特定的时间或事件，例如国家内战博物馆（National Civil War Museum）。历史博物馆和历史遗址合起来构成了美国最大的博物馆类别。许多这类博物馆都是小型的、社区导向的，其工作人员往往全部由志愿者组成，它们通常充当重要的社区生活中心及社区引以为豪的中心。这些小型博物馆还包括许多被当地社区认为具有重要意义的历史悠久的房屋建筑。

相对于工作人员的规模而言，历史博物馆的藏品往往比艺术博物馆的要多。历史博物馆的藏品通常是为了记录重要的人物、地点或事件，或是作为具有直接历史关联的此类物品的代表性替代品。与艺术博物馆的藏品一样，历史博物馆的藏品通常被认为是独特的和重要的，而非普通和典型的。最近，历史博物馆的收藏趋势意在对社会各个方面进行更全面的记录，以期提供更广泛、更全面的文化沉思。一般来说，历史博物馆的藏品被更广泛地用于展览和存档而非研究。大多数历史学家不熟悉物品，也不直接使用物品从事研究工作。因此，历史博物馆往往更少关注物品，反而更注重相关的档案记录和物品信息。

自然史与人类学博物馆

这类传统的、以学科为基础的博物馆包括自然史与人类学博物馆，这些博物馆为了研究和学术用途而收藏了大量记录良好的物品和标本。科学中心、天文馆、探索空间及类似的机构虽然向公众传授科学原理但没有研究性收藏，所以被排除在这一类别之外，这将在下文进行讨论。自然史与人类学博物馆始于对奇珍异宝的收藏，但从 17 世纪开始，它们演变成了科学探索中心。自然史与人类学博物馆是基于科学的好奇心，而非鉴赏力或物品的历史关联进行收藏，换句话说，标本被选择并纳入收藏，通常是因为它们具有典型性或代表性，而不是因为它们是独一无二的。自然史与人类学博物馆对物品进行系统的收藏，试图建立具有代表性的收藏，用于了解自然世界和人类文化。相对于工作人员的规模，这些博物馆的藏品数量往往非常庞大，因为科学研究需要一系列相似的标本或物品。虽然这类博物馆大多与大学有关，但也有一些重要的独立机构，如芝加哥的菲尔德博物馆、纽约的美国自然史博物馆（American Museum of Natural History in New York）和伦敦的自然史博物馆（Natural History Museum in London）。

其他类型的博物馆

博物馆种类繁多，因此很难将其划分为一系列互不相关的类型。接下来将简要介绍几个更宽泛的类别，包括学院或大学博物馆、活态历史博物馆、医学博物馆、专题博物馆、科学中心、社区博物馆等。

大学博物馆

相较于现在，与学院和大学相关的博物馆在过去更加普遍。很多此类博物馆虽然规模不大，却为学生提供了优秀的培训资源。关于学习的研究表明，非正式学习（在传统课堂之外进行的学习）在人生各个阶段都很重要；学生在大学里学到的许多 —— 也许是大部分 —— 知识都是在校园环境中而不是在课堂上获得的，这就突显了大学博物馆的重要性。

一些大学博物馆是根据教学任务而进行收藏的，所以什么都有一点，这通常被称为集邮式收藏（postage stamp style collections）；而另一些大学博物馆则拥有大量的研究性收藏。有时，一些相对普通的大学博物馆会拥有被公认为世界一流的专题藏品资源。例如，成立于 1886 年的堪萨斯大学威尔科克斯古典博物馆（Wilcox Classical Museum）拥有近 700 件藏品，其中包括罕见的古希腊和罗马雕塑石膏模型。被存放在学术部门或研究设施中的许多自然史标本或人类学物品的收藏纯粹是为了教学或研究目的；由于这些藏品不向公众开放，所以这些机构可能不会被视为博物馆。比如，加利福尼亚大学伯克利分校脊椎动物学博物馆（Museum of Vertebrate Zoology at the University of California Berkeley）就是一个很重要但没有公开展览的大学博物馆。该博物馆的 64 万件标本是全世界科学家的重要研究资源，但由于缺乏展览，该博物馆不符合美国博物馆联盟的认证标准。

活态历史博物馆和农业博物馆

活态历史博物馆通常指以房屋、农场或种植园为背景，讲解员在其中扮演某个特定时间或地点的历史人物的博物馆。通常情况下，这些博物馆至少会利用一些从原来的位置搬迁过来的历史建筑，并且有身着历史服装的工作人员与博物馆观众进行互动。与受众互动的程度和类型各不相同，有的工作人员会走出角色与观众谈论他们在做什么，有的工作人员则从不在客人面前打破自己扮演的角色。例如，密歇根州迪尔伯恩亨利福特的格林菲尔德村、印第安纳州费舍尔的康纳草原互动历史公园（Conner Prairie Interactive History Park in Fishers, Indiana）和加拿大艾伯塔省的乌克兰文化遗产村（Ukrainian Cultural Heritage Village in Alberta, Canada）。

医学博物馆

医学博物馆和解剖学博物馆（见图 5.1）曾经与美洲和欧洲（以及其他地方）几乎所有的医学院都有关联，它们为医科学生提供一个可以直接接触标本的地方。医学教学方式的改变和医学教科书中插图质量的提高削弱了博物馆之于医学教育的重要性。然而，医学博物馆仍然很受公众欢迎，现在许多博物馆在社区健康教育中发挥着重要作用。

图 5.1　凯斯西储大学（Case Western Reserve University）的迪特里克医学史博物馆珀西·斯库依馆（Percy SkuyGallery, Dittrick Museum of Medical History）。　（照片由迪特里克博物馆提供）

无论真假，医学和解剖学博物馆通常有着令人毛骨悚然的名声，例如曼谷诗里拉医学博物馆（Siriraj Medical Museum）。虽然大多数的曼谷指南只提到该博物馆展出了儿童凶手、食人魔细伟（Si Quey Sae Urng）①的尸体，但事实上，曼谷诗里拉医院的医科学生广泛使用该博物馆，与此同时，博物馆的展览也向观众传授了很多关于泰国健康和医药的知识。同样，费城医学院的穆特博物馆（Mütter Museum at the College of Physicians in Philadelphia）利用其极具震撼价值的声誉来吸引游客，一旦进入博物馆，观众就会了解很多关于人类的知识以及美国医学的历史。

现实验证

冲击的价值（Shock Value）与价值的冲击（Value Shock）

我曾在费城的穆特博物馆担任顾问，帮助重新安置保存在液体中的标本。有几次，当学生团体来博物馆时我刚好在公共展厅工作。每一次，我都能听到孩子们的大嗓门和虚张声势，因为他们是带着被恶心和厌恶的希冀走进展厅的。不可避免地，每个学生团体都会变得安静而忧郁，然后沉迷于观看标本和阅读展签之中。在我的印象中，我从来没有见过像在穆特博物馆看到的那样有那么多阅读展签的观众。当他们不得不离开时，大多数人都会说还要再回来参观一次。（JES）

---

① 译者注：细伟，本名黄利辉，根据在曼谷的该博物馆的展签，英文为 Si Quey Sae-Ung。参考 https://zhuanlan.zhihu.com/p/72337128。

专题博物馆

此外，还有一大批基于某一主题或某一藏品类型、看似奇怪的小型博物馆，它们种类繁多，让人眼花缭乱，比如德国施罗本豪森的欧洲芦笋博物馆（European Asparagus Museum in Schrobenhausen, Germany）、美国堪萨斯州沙尼特的马丁和奥萨·约翰逊野生动物博物馆（Martin and Osa Johnson Safari Museum in Chanute, Kansas）。这些地方发挥着博物馆系统的功能，围绕着有意义的物质资源（物）而建立，其目的是向公众传递思想。这些机构大多是私立博物馆，但仍属于博物馆的机构范畴。在美国，这些小型的专题博物馆各不相同，从小型的（见图5.2）和转瞬即逝的博物馆，如现已关闭的月事博物馆（Museum of Menstruation），到拥有稳定的观众和持续影响力的博物馆，如新奥尔良的伏都教历

图 5.2　密歇根州东兰辛市的旅行者俱乐部国际餐厅与大号博物馆（Traveler's Club International Restaurant and Tuba Museum, East Lansing, Michigan）。　　　　　　（摄影：作者）

史博物馆（Historic Voodoo Museum in New Orleans[①]）或马里兰州的哈佛·德·格雷斯水鸟诱饵博物馆（Havre de Grace Decoy Museum in Havre de Grace, Maryland）。有些博物馆以幽默著称，但也有些博物馆可能会提出一种严肃的文化批评，比如位于马萨诸塞州戴德姆广场的糟糕艺术博物馆（Museum of Bad Art in Dedham Square, Massachusetts），或位于新墨西哥州阿尔伯克基的美国国际响尾蛇博物馆（American International Rattlesnake Museum in Albuquerque, New Mexico）。有些是作为商业旅游目的地而有意设立的，比如加利福尼亚州圣地亚哥的死亡博物馆（Museum of Death in San Diego, California）和华盛顿特区的国际间谍博物馆（International Spy Museum in Washington, D.C.）。

在这些专题博物馆中，最令人着迷的是位于加利福尼亚州卡尔弗城的侏罗纪科技博物馆（Museum of Jurassic Technology in Culver City, California），它由艺术家大卫·威尔逊（David Wilson）制作，被视为一个长期的、动态的艺术装置。侏罗纪科技博物馆的独特之处在于，它强迫观众对博物馆的意义进行批判性评估。［劳伦斯·韦斯切勒（Lawrence Weschler）写得有趣的《威尔逊先生的奇迹之家》（*Mr. Wilson's Cabinet of Wonder*）一书也是关于这个主题］。

有时候，这些专题博物馆会因为藏品足够重要而被大型机构收购。例如，明尼阿波利斯的问题医疗器械博物馆（Museum of Questionable Medical Devices in Minneapolis）现在已是明尼苏达州科学博物馆（Science Museum of Minnesota）的一部分。尽管这些机构可能很古怪或不同寻常，但它们像博物馆一样运营，与更大型、更传统的博物馆有着相同的目的。

[①] 译者注：这座小型博物馆始建于 1972 年，由热衷于探索伏都教各类资料的当地艺术家 Charles Massicot Gandolfo 建立，近半个世纪以来一直吸引着游客前来探索这个神秘而令人难以理解的宗教。参见 www.gousa.cn/experience/new-orleans-historic-voodoo-museum。

默默无闻的教训

我曾经参观过由美国木工协会（American Association of Wood Turners）经营的明尼苏达州圣保罗的木艺馆（Gallery of Wood Art in St. Paul, Minnesota），我对入口处服务台的人说，这一定是这周围最专业的一个协会了。"哦，不，我们有 14 000 名会员！此刻自然史收藏保护协会（SPNHC）正在城里开会，这是一个只有不到 1 000 名会员组成的更小、更奇怪的组织。"而我来圣保罗的原因就是参加这个协会的年会。（JES）

科学中心、探索空间、天文馆及相似机构

科学中心和探索空间主要是为了向人们传授科学和技术设计建立的，通常以儿童和家庭为主要目标观众。这些博物馆通常都有互动展览，很少有永久性的收藏（或至少没有大量的收藏）。随着人们逐步认识到非正式学习的重要性，这类机构的数量在过去 30 年间急剧增长。科学中心和探索空间包括位于加利福尼亚州旧金山的探索馆（The Exploratorium）、位于宾夕法尼亚州费城的请触摸博物馆（Please Touch Museum）和富兰克林研究所（Franklin Institute）、位于伊利诺伊州芝加哥的科学与工业博物馆（Museum of Science and Industry）。天文馆通常是科学中心或自然史博物馆的一部分，比如旧金山的加利福尼亚州科学馆和纽约的美国自然史博物馆都有天文馆，但也可以是独立的，比如芝加哥的阿德勒天文馆（Adler Planetarium in Chicago）。天文馆主要通过展览、影片等向公众展示天空、宇宙的神奇之处，但也会提供一些诸如激光表演和音乐会等非科学活动。

儿童博物馆

世界上第一家儿童博物馆是于 1899 年在纽约布鲁克林成立的布鲁克林儿童博物馆（Brooklyn Children's Museum）。儿童博物馆是为儿童（和家庭）而专门设计的，这里往往绚丽多彩，同时还配有很多互动展览和活动区域。绝大多数儿童博物馆都以展览和活动项目为主，只有极少数拥有重要的永久性收藏。这些博物馆通常是科学或历史主题，但无论如何，儿童博物馆都强调非正式的和基于实物的学习的重要性。两个著名的例子是拥有大量永久性收藏的印第安纳州印第安纳波利斯儿童博物馆（Children's Museum of Indianapolis in Indiana）和马里兰州巴尔的摩的发现港儿童博物馆（Port Discovery in Baltimore, Maryland）。

植物园、动物园和水族馆

虽然一开始你可能不会把展示活体动植物的机构视为博物馆，但它们确实保存并阐释藏品（美国博物馆联盟承认它们是博物馆）。因为植物园、动物园和水族馆（见图 5.3）处理的是活体生物，所以它们的

图 5.3　水族馆的一名博物馆观众。　　　　　　　　　　　　　　（摄影：作者）

咬人的藏品

尽管本科时我在自然史博物馆工作过，但我的职业生涯是从得克萨斯州的沃思堡动物园（Fort Worth Zoological Park in Texas）开始的，我当时是一名爬行动物饲养员。我发现这两种机构在藏品管理、单体标本跟踪、重视保持良好记录等方面有很多相似之处。而最大的不同之处在于，在自然史博物馆里我不必担心某个标本会咬死我。当我离开动物园去一家自然史博物馆工作时，一个同事说，"你已经决定从活的动物园转战到死的动物园了，是吗？"（JES）

藏品保管标准和管理方式都不同于一般意义上的博物馆。除了收藏、照料和阐释藏品之外，这些机构有时还具有类似于其他博物馆的研究功能。例如，位于加利福尼亚州蒙特雷的蒙特雷湾水族馆（Monterey Bay Aquarium）就参与海洋的研究和保护工作。

小型、中型和大型博物馆

常见的博物馆分类方法是按照规模进行的，但对于大型和小型博物馆的划分却没有统一的标准。规模可以是指博物馆的预算、藏品的数量、工作人员的数量或机构所占的物理空间。美国博物馆联盟认证委员会根据博物馆的年度预算将博物馆分为以下几类：

- 350 000 美元以下；
- 350 000 美元至 499 000 美元；
- 500 000 美元至 999 000 美元；
- 1 000 000 美元至 2 999 999 美元；
- 3 000 000 美元至 4 999 999 美元；

- 5 000 000 美元至 14 999 999 美元；

- 1 500 万美元以上。

按预算规模进行分类的问题是，一半以上的美国博物馆属于第一类（年度预算不到 35 万美元）。另一个问题是单纯的预算数字并不能说明博物馆的太多情况，因为藏品的质量（是指藏品的内容、资料记录的水平，以及对藏品阐释的程度）比藏品数量或预算规模更重要。预算大的博物馆也可能管理不善，而预算小的博物馆可能管理得非常专业。然而，如果我们在此基础上综合考虑到藏品数量和质量、工作人员的数量和工作表现、博物馆受众的规模和受众服务状况等因素，那么基于预算的分类方法可能会有所帮助的。仅凭博物馆的规模 —— 无论怎么衡量它 —— 无法判断一个博物馆的好坏。大型博物馆可能距离完成其使命相去甚远，而小型博物馆可能做得非常出色。正如第七章所讨论的，关于博物馆的规模，最重要的是分析规模差异如何影响博物馆工作人员的角色。与大型博物馆的工作人员相比，大多数小型博物馆的工作人员承担着更多种类的工作任务，这在许多方面影响着博物馆系统。

区域性：地方博物馆、州立博物馆和国家博物馆

在美国，大多数博物馆都是地方机构，这意味着它们由地方层面的市、郡政府或地方的非营利组织拥有和经营，主要服务于当地的观众。地方博物馆可以阐释一个社区、城市、郡、州或地区的历史、文化或自然历史（见图 5.4）。

州立博物馆，顾名思义，通常由州政府拥有和经营，可以阐释一个州的历史、文化或自然史。例如，位于托皮卡的堪萨斯历史博物馆（Kansas Museum of History in Topeka）的发展就遵循了一个相当典型的州立博物馆模式。该博物馆隶属于堪萨斯历史学会（Kansas Historical Society），该协会由一群报刊编辑于 1875 年创办，旨在收集与堪萨斯州历史相关的报纸和手稿。随着社会的发展，该协会成了堪萨斯州的官方

图 5.4　马西隆博物馆（Massillon Museum）的"老虎遗产"展（Tiger Legacy）入口。
［该展览由马西隆博物馆与肯特州立大学新闻摄影专业的师生们联合举办，目的是记录马西隆老虎高中橄榄球队（Massillon Tigers high school football team）的文化和传统，照片由马西隆博物馆提供］

档案库，现在它是一个州立机构，运营着多个历史遗址、州立档案馆、州立历史保护办公室以及一个阐释堪萨斯州历史的博物馆。另一个例子是位于哈里斯堡的宾夕法尼亚州立博物馆（State Museum of Pennsylvania in Harrisburg），该馆创建于 1905 年，1945 年成为宾夕法尼亚历史和博物馆委员会（Pennsylvania Historical and Museum Commission）的一部分，如今该馆包括一个天文馆和阐释宾夕法尼亚文化和自然史的展览。

　　国家博物馆由国家政府拥有和经营，可以阐释一个国家的历史、文化和自然历史。正如第二章所讨论的那样，随着国家的独立，许多由殖民政府创办的博物馆变成了重要的国家博物馆。例如，巴达维亚艺术与科学协会（Batavia Society of Arts and Science）于 1778 年作为一个殖民机构成立，现在是印度尼西亚文化中央博物馆（Central Museum of

Indonesian Culture）。美国的国家博物馆指的是史密森学会，这是由美国国会于1846年依靠一位名叫詹姆斯·史密森（James Smithson）的英国公民遗赠建立的。史密森学会最初是一个自然史博物馆，现在已经发展成为一个由19个博物馆（包括自然史博物馆、艺术博物馆、历史博物馆、航空航天博物馆、美洲原住民博物馆、非裔美国人历史和文化博物馆、邮政博物馆、阿纳卡斯蒂亚社区博物馆和国家动物园）组成的综合体。

生态博物馆

生态博物馆是最新的一种博物馆类型，这一概念是由两位法国博物馆学家雨果·戴瓦兰（Hugues de Varine, 1935—　）和乔治·里维埃（George Rivière, 1897—1985）于1971年提出的。戴瓦兰和里维埃有意将生态博物馆的定义模糊化，并倾向于将其作为一个概念而非一个类别。生态博物馆的宗旨不是要取代博物馆的传统概念，而是要对其进行拓展。生态博物馆阐释的不仅是一个事件、地方或文化，而是包括过去与现在在内的整个社区。一种描述认为，生态博物馆是一个在可持续的环境中管理遗产的机构。生态博物馆是基于社区设计建造的，旨在将自然遗产和文化遗产整合起来。生态博物馆的藏品构成可以延伸至整个博物馆环境，因此包括人工制品、建筑和原地的自然环境。例如，一个传统博物馆可以被认为是一栋拥有藏品的建筑（见图5.5），而一个生态博物馆则是原地保存的遗产（这个意义上的遗产包括文化实践和物质文化遗产），比如日本札幌的北海道历史村落（Hokkaido Historic Village in Sapporo, Japan）。生态博物馆与阐释性的历史遗址的区别在于，生态博物馆包含一个可持续发展的社区及其周围环境。在欧洲，生态博物馆最早出现在斯堪的纳维亚半岛和葡萄牙，生态博物馆在欧洲许多地方、加拿大和许多发展中国家很受欢迎。目前，世界上有数百个被称为生态博物馆的地方。

图 5.5　纽约出租公寓博物馆（Tenement Museum in New York）。　　　　　（摄影：作者）

虚拟博物馆

虚拟博物馆是否应该被定义为博物馆，是博物馆专业人士和博物馆研究学者之间一个有争议的话题。虚拟博物馆只存在于网络空间而没有实体存在，也就是说，它没有实物收藏、建筑和可以往返穿行的展览空间。大多数虚拟博物馆是以真实的实体的所藏之物为基础，但也有一些虚拟博物馆只收集概念或想法，日本艺术虚拟博物馆（The Virtual Museum of Japanese Art）就是一个很好案例。有些人将虚拟博物馆视为博物馆，这不仅因为它们通过数字化的藏品及其信息在文化知识返还方面发挥着潜在的作用，而且还因为虚拟博物馆可以促进世界范围内的信息共享。虚拟博物馆确实提供了获取信息的途径，这意味着博物馆对社会作出了重要贡献，但它们能否为观众提供意义则是另一回事，因为观众并无与实物的互动。

几年前，博物馆界曾担心实体博物馆可能会被虚拟博物馆取代。尽管由实体博物馆主办的虚拟博物馆和虚拟展览越来越多，但是这种担忧却并未实现。事实上，数据显示，虚拟博物馆和虚拟展览并没有造成博物馆参观人数的减少，这说明这两种类型的博物馆可以成功共存。有证据表明，网络空间中的虚拟存在会提高人们对实体博物馆的认识并能增加参观博物馆的人数。最有可能的是，博物馆将继续存在于实体的公共建筑中，但同时也伴随着虚拟媒体网络的壮大。

第六章　有意义的物质资源

引言

  人类一直在使用物品，并在其整个存在过程中都深陷于一个被物品包围的世界中。事实上，自人类早期的祖先开始，这种现象在某种程度上定义了何为"人类"。例如，长期以来，"能人"（homo habilis）被认为是人类早期的祖先，意思是"能工巧匠"。之所以选择这个名字，是因为化石遗存的发现者们相信，"能人"就是那些散布在遗迹附近的石器的制造者。纵观漫长的演化历程，人类越来越善于改变和塑造周围的世界，从而创造、命名、指定和操纵一个充满物品的环境。人类演化的整个历史都与物品的使用交织在一起。

博物馆中有意义的物质资源是什么？

  博物馆中有意义的物质资源 —— 物或文献 —— 非常复杂。博物馆藏品不是事物的简单积累。博物馆藏品是由被有意图地收集、组织、保管和阐释的物组成，其目的在于有意义地呈现另一个现实（时间、地点或人物）。物是博物馆所提供服务的核心内容，博物馆因作为过去和现在世界物质遗存的守护者在社会中被赋予独特的地位，物也是构建深远意义和个人意义的潜在来源。下文将进一步分解"有意义的物质资源"（meaningful physical resource）这一短语，以解析这一看似简单的描述中所蕴含的内容。

物质的

到目前为止，确定博物馆定义的一个重要方面是"有意义的物质资源"，这究竟意味着什么呢？在本书中（以及在博物馆中），物（object）是指一个占据空间的三维物质实体。

在博物馆情境中，其他用于描述物质实体的表述可能还包括人工制品（artifact）、标本（specimen）、单品（item）和物质文化（material culture）。每一种描述的含义都略有不同，但都指的是物。表 6.1 列出了不同博物馆机构中使用的若干术语的定义。

表 6.1　藏品组成部分的名称

术　语	定义与注释
物品（article）	书面文件的不同部分；一类事物中的一件
人工制品（artifact）	人类制造、改进或使用过的东西
元素（element）	一个整体的组成部分；一整套中的一件（所有收藏都是成套的）（simmons and muñoz-Saba, 2003）
单品（item）	陈述或格言；承载特殊意义的谚语；包含在细目或总账中的一个单位
材料（material）	与物质有关、由物质组成或源自物质（例如，化石材料）
物（物品）（object）	放在眼前的东西；能够被看到、触摸或感知的东西；物质的东西
部件（piece）	整体的一部分

术　语	定义与注释
标本（specimen）	整体中有代表性的一部分，或者一种探索或发现的方法；一种实验、模式或模型
东西（thing）	一个空间实体，一个无生命物体
作品或艺术品（work or of work art）	倾注心血的创造性产物；艺术产品

注：根据西蒙斯 2006 年。

虽然每个术语都有其特定含义，但它们描述的都是拿得起、摸得到、可使用、看得见的三维物质实体。除非有更精确且合适的其他词汇，在本书中，物（物品）（object）一词用于指代博物馆收藏中的物质实体，即有意义的物质资源。

不管被称为什么，实物首先给博物馆体验带来了物质性；换句话说，物的不可否认的物理性是始终存在的。当遇到某物时，人们可以体验到它的物理存在，因此该实物可以通过使用者的感官提供诸如规模、形状、颜色、纹理质地等信息。尽管方式和视角因人而异，但不可否认的是所有人都通过感官来体验物品。身体和大脑都会遭遇到物品，分割感觉和认知过程之间的关系是不可能的，因为两者在阐释物品时都是必需的。

有意义的

物如何是或者变得有意义的？作为日常景观中无处不在的元素，物品的存在通常被认为是理所当然的，但事实上，任何物都可能非常复杂。物是多义的，这意味着它们可以有很多意义，而且这些意义会随着情境和语境的变化而发生变化。物的意义在一定程度上是由观者的立场建构的。一个在特定时间、特定文化中拥有某种知识的人决定了物在某个瞬间是如何被阐释的。博物馆工作中有句常见的格言："物会自己说话。"（objects speak for themselves）这是一种有问题的表达，因为它将物拟人化，并将物置于与人类相同的层面上，假设其具有某种先天的力量。物是由人类创造或阐释的，尽管它们确实拥有强大的力量，是交流思想极其重要的载体，但是物确实不能为自己代言。

实际上，物只能通过人进行交流。即使是一种存在的实体，物也只能通过人对世界的理解和先前经验才能"说话"。没有人与之交流，物是不会交流的；因此，物的意义就是人与物之间共生关系的结果。在此，人可以是研究馆员、藏品管理员、博物馆教育人员、观众，或上述所有人。意义既不完全存在于观者身上，也不完全存在于物上，而是对话性的，也就是说，意义是在观者与物之间的对话中产生的（Hooper-Greenhill, 2000）。

现实验证

一盒弹珠

两个看似相同的物品，为什么其中一个比另一个更有价值？我在办公室的书架上放了一小盒弹珠。这些弹珠看起来很像：它们全都是玻璃的，全都是旧的，全都是有缺损的。然而，其中一颗弹珠对我来说比其他的更有意义，因为它是我父亲小时候的东西。其他的都是我在花园里干活时挖出来的弹珠。正是我父亲曾经玩过的这颗弹珠的有据可查的历史，赋予了其他弹珠所没有的独特价值。这颗弹珠具有一个位置和所有权的历史、历史的从属关系以及与个人的关联，也正是这些构建了这件物品之于我个人的意义。（JES）

关于这种关系，有一些重要的关于物与人的事实需要了解。物和人都是有生命的，两者都有独特的过去。即使看起来与同一时间生产的其他物品完全相同，一件批量生产的物品具有自己独特的所有权和使用的历史。同样，不同的人会带着不同的独特体验和知识前来参观，从而也会影响他们与博物馆展览中实物的互动方式。

回到"M"字头词汇

在第一章，我们就围绕"博物馆的"（在此"博物馆的"是指与博物馆有关的，museal）的相关术语进行了讨论。作为这个术语的创造者，斯特兰斯基（Stransky Maroević，1998）认为，馆藏文物应该被视为是其原始现实的资料记录。在整个生命周期中，该实物积累了一些可由博物馆使用者和工作人员解读的数量可观的数据。从这个意义上说，一件博物馆物承载着两个现实（原初现实和博物馆现实）的数据。冯·门施（Van Mensch, 1992）在此基础上指出，博物馆学家应该采用一种开放的方法来理解和使用博物馆物，放弃那种将视角局限于物的单一层面的封闭的学科方法。在冯·门施看来，将物视为无限的信息来源 —— 作为数据载体 —— 是博物馆研究的核心概念。

博物馆中的物被赋予了博物馆现实性，并被称为博物馆物（馆藏文物）（musealia/the museum objects themselves）。博物馆物是指从某一现实中提取的物品在新的博物馆情境中表征原始现实。例如，从伍德兰时期（Plains Woodland）的房屋遗址中发掘到的贝壳珠。博物馆中贝壳珠之所以存在博物馆性，是因为它代表了该物品起源时代的证据。例如，在伍德兰时期房屋遗址中发现的贝壳珠是由淡水蚌贝制成的。蚌贝曾经是活的；一种复杂的、有弹性的内层（称为珍珠层或珍珠母）沉积在贝壳的内部。这是一个现实。几千年前，一个美洲印第安人捡到了蚌贝，并从珍珠层取出珠子钻孔并打磨好，然后串在绳子上。在被埋在伍德兰时期房屋里之前，这颗珠子可能已经被制作人使用过，也可能与其他美洲原住民进行过交易。这是另一个现实（或一系列现实）。最后，这颗珠子被一位考古学家挖掘出来，然后被收藏在博物馆。作为一件博物馆化的物品，贝壳珠表征着有贻贝生长的淡水河、美洲印第安工匠对贻贝珍珠进行雕刻的文化，在伍德兰时期房屋中使用珠子的文化等一系列现实。当某物被博物馆化时，它就被转化为某个时间、地点、背景或人物的典型代表。作为一种媒介，博物馆将信息从过去传递到现在，又从现在传递到未来。当然，从最初使用之物到博物馆化之物的转变并不限于博物馆。我们经常在其他情境中发现博物馆化的现象，比如在古玩商场、公园和节庆活动中。马罗耶维克（Maroević，1998）指出，城堡、教堂和考古遗址是在原地实现博物馆化的典型案例。相较于这些情境，博物馆的不同之处在于对物进行主动的、有意图的传播和阐释。从标志性物品，比如亚伯拉罕·林肯（Abraham Lincoln）的高筒形大礼帽，到日常物品；比如 20 世纪中叶的擀面杖，博物馆化的过程可能发生在任何物品身上。在此，博物馆现实性与物理性直接相关；也就是说，只有物质的东西才能被博物馆化。

在对博物馆性的思考中，马罗耶维克引入了"博物馆的不确定性"（museal indefiniteness）概念，这个概念描述了一个事实，即永远不可能完整地了解一件物品的一切。想象一下，与一件物品存在的整个过程相关的信息是无穷无尽的。尽管这些信息的每个节点绝无可能被复原，但是博物馆研究人员可以不断地了解该物品的更多信息，以减少其博物馆的不确定性，同时增加其博物馆的确定性。例如，一位古生物学家在内布拉斯加（Nebraska）发现了一颗猛犸象的牙齿，并把它带进了博物馆。随着时间的推移，古生物学家对这颗牙齿进行了研究，并逐渐对猛犸象有了更多的了解。他们根据牙齿大小，确定这颗牙齿来自一只年幼的猛犸象；根据牙板之间的植物残留，发现它吃了什么；根据牙齿的化学分析和发现的情境，从而推算出它生活的年代；根据这颗牙齿是从火山灰中发掘出来的，推测了这只年幼的猛犸象是如何死亡的。但不管对这颗牙齿进行过多少研究，古生物学家永远无法了解它的一切。换言之，确定博物馆物的内容（猛犸象的牙齿）是一个交流的过程，在这个过程中，随着与物品相关信息的不断积累，该物品的博物馆的不确定性就会随之减少。

什么是藏品？

博物馆化的物品是博物馆藏品的组成部分。关于这一点，停下来并问一问"什么是藏品"是非常必要和重要的。正如在第二章中提到的，积累和收藏之间的区别在于，积累是偶然发生的，而收藏是有目的地进行的。因为收藏是有目的地进行的积累，所以它是以某种方式组织的，这意味着它是有秩序的（否则它不会也不能被组织起来）。这个秩序可能只对收藏家有意义；但不管怎样，藏品是有秩序的。在《博物馆、物品和藏品》（*Museums, Objects and Collections*, 1993）一书中，苏珊·皮尔斯（Susan Pearce）指出，所有藏品都有三个共同点：

（1）藏品是由物品组成的。

（2）这些物品来自过去。

（3）这些物品是被收藏家或博物馆研究馆员出于某种意图（尽管很轻微）而收集起来的，他们认为整体在某种程度上大于各个部分之总和。

在博物馆著述中可以找到许多关于藏品的定义，但似乎没有哪个定义获得了普遍认可。例如，博物馆藏品可以被定义为在博物馆中保管的物品（Case, 1988），可以被定义为具有相似特征和共同关联的一组物品（自然历史收藏保护协会，1994），也可以被定义为由于对博物馆具有潜在价值而被征集和保存的物品（Burcaw, 1997）。

上述这些藏品的定义的缺点在于它们没能阐明博物馆藏品不同于其他类型的物品收藏的独特性。尼科尔森和威廉姆斯（Nicholson and Williams, 2002）提出了一个博物馆藏品的定义，并将其与其他类型的收藏作了区分：

- 藏品由一件以上的物品组成。
- 这些物品是有秩序、有组织的。
- 这些物品受到人们的珍视。
- 为了长久地保存而收集这些物品。
- 藏品是为机构的使命和目标而服务的。
- 这些物品及其相关信息的完整性是至关重要的。
- 藏品的维护需要符合专业的标准。

通过定义博物馆收藏中的物品与其他物品的区别，该定义旨在将博物馆物（有意义的物质资源，博物馆收藏之物）与其他物品区分开来。

范式转变：从物到观众再到资料

从 20 世纪末开始，美国博物馆的一个主要趋势是关注点从物或藏品转向博物馆观众。长久以来，博物馆工作人员一直没有让观众参与到阐释的过程中。博物馆发挥着权威知识中心的作用，观众处于从中学习而非共同学习的位置。康恩（Conn, 1998）将这一早期方法称为"基于物的认识论"（object-based epistemology），这一早期方法强调物的事实和说明，意在向观众揭示物的秩序和意义，这使阐释成为一种隐蔽的、封闭的行为（Evans, Mull and Poling, 2002）。在此过程中，物而非文本（阐释）成为知识的来源。康恩认为，这种"基于物的认识论"是博物馆发展的基础。

20 世纪末，一种"基于物的对话"（object-based dialogue）的范式转变开始出现，它强调共享过程的重要性，在此过程中，物、展示（包括展示背后的创建人）和观众共同参与到有意义的行为中来（Evans, Mull and Poling, 2002, 115）。观众的角色逐渐成为关注焦点，更多的研究围绕观众的学习和体验而展开，这对博物馆如何运作以及观众从参观中获得什么大有裨益。由于这一时期的发展，物被转移到了幕后。但最近的研究表明，正是观众与物的互动创造了博物馆参观的独特体验，这就是今天的博物馆。

到底是什么使博物馆成为社会中的独特实体？仔细研究即可发现，正是博物馆所保存、阐释、组织、研究和分享的物，以及这些物与人类形成的关系。其他任何机构都无法像博物馆那样使用实体的、物质的东西来达到启发、教育和保存等目的。图书馆不能，档案馆不能，迪士尼乐园也不能。当然，博物馆和这些机构之间也存在相似之处，但归根结底，有意义的物质资源是使博物馆成为博物馆的关键。如果声称博物馆的独特之处在于物与人之间的关系，那么物与人之间的关系就必须要明确。如果将博物馆物理解为文献，那么物就可以被顺理成章地置于博物馆的核心位置。

文献（document）的概念来自与图书馆和信息科学相关的档案研究领域。这个词来源于拉丁语单词 documentum，意思是证明（proof）、模式（pattern）或示例（example）。从 13 世纪开始，documentation 一词的早期定义将 document 描述为教学、指导或告知。直到后来（18 世纪初），document 这个词才与书写文本的纸张或其他材料联系起来。此后，这个词变得很混乱，叠加了很多含义，但是主要与文本材料和印刷制品有关。

今天，文献学家 —— 在理论和应用层面关注资料使用、组织、获取、分析和理解的从业者和学者 —— 使用 document（文献）这一术语来表示任何物质信息资源，任何人类思想的物质表达或呈现（Buckland, 1997），而不是将其局限于特定的、带有文字的、基于印刷的媒介（Buckland, 1991）。

文献（documentation）既可以指对某物进行记录的过程，也可以指该过程的结果（Buckland, 2007）。迈克尔·巴克兰（Michael Buckland）将资料称为"任何有象征意义的东西"和"任何有组织的物证"，这表明资料具有作为实物及其表征的双重性质。伦德（Lund, 2004）将资料定义为同时囊括社会、物质和精神品质在内的人类思想的任何表达；也就是说，资料具有物理维度，服务于交流目的，产生于特定的社会行动者群体中，并且对特定的受众有用（Mannheim, 1952）。被称为"文献夫人"（madame documentation）的苏珊娜·布里特（Suzanne Briet）曾为资料话语作出重要贡献。资料话语的定义是：

"任何为了表征、重构或证明一个物理或智识现象的目标而保存或记录下来的具体的或象征性的索引符号／标记"（Briet, 2006, 10）。

正如书籍、手稿和微缩制品都是有可能为人们提供信息的实物，博物馆物也有提供信息的潜力。如果将文献定义为向某人表征某物的实物，那么一件博物馆物也是一份文献。当世界被划分为所有物品和博物馆物品时，博物馆物品为何是文献的原因就更加显而易见了。布里特（Briet）因建立了某物被视为资料的四个条件而为人所熟知（Buckland, 1997）：

（1）物质性 —— 只有物质实体和物质标志；

（2）意图性 —— 物品被有意作为证据；

（3）过程 —— 物品必须被制作成一份文献；

（4）现象学立场 —— 物品被认为是一份文献。

第一，物质性 —— 就像所有的物品一样，博物馆物也是物质的。按照定义，物质实体是以有形的、物质的形式而存在的。第二，意图性 —— 博物馆通过主动寻找或接受捐赠来收藏物品。物品之所以会被收藏，是因为博物馆工作人员认为保存它们在某种程度上具有重要意义，要么可帮助讲述某个故事，要么可代表某种行为、思想、人物、事件或功能。第三，流程 —— 编目是一项重要的博物馆工作，在过去的几十年里，人们为制定博物馆物的管理标准和最佳实践付出了相当多的努力。博物馆物的其他流程包括展览、出借和教育。第四，现象学立场 —— 物被博物馆工作人员和观众视为证据实体或文献（不管他们是否使用这个词），很显然，这与布里特和巴克兰（Briet and Buckland）的第二个条件 —— 意图性密切相关。事实上，一件物品只要被收藏就意味着成为一份文献 —— 为了表征、重构或证明一个物理或智识现象（研究、展览、保存）的目的而保存或记录（编目、储存、保管）下来的具体的或象征性的索引符号。当一件看似平凡的物品进入博物馆收藏时，它就变成了另一种东西 —— 一件馆藏文物；它已经被博物馆化了（Van Mensch, 2004, 1992; Maroević, 1998）；它还是一份文献。

最著名的关于资料的例子来自布里特所描述的羚羊。对布里特来说，一只在热带草原上奔跑的野生羚羊并不是一份文献，当一只羚羊被捕获并被带到动物园作为研究对象时，它就是一份文献（她称之为原始文献或一手文献），因为它成为物质证据。此外，任何关于羚羊的资料 —— 照片、文字记录、音频记录 —— 也都是文献（她称之为衍生文献或二手文献）。用布里特（Briet, 2006）自己的话来说：

> 例如，一位探险家在非洲遇到了一只新物种的羚羊，并成功地捕获了一只，然后把它带回到欧洲的动物园 …… 这件事通过报纸、广播和新闻短片等媒介方式而广为人知。这一发现成为科学院通告的主题。博物馆的一位教授在课堂上也讨论过这个话题。该活体动物被放在笼子里并进行了编目 …… 一旦死了，它将被填充制成标本并被保存（在博物馆）。然后，它被借给了一个博览会。它会在电影院的背景音乐中被播放。它的声音被记录在一个磁盘上。

第一篇关于它的论述成为一篇主题论文，然后是一本专题的百科全书……再然后成为总的百科全书的一部分。这些著作在正式出版后即被编入图书馆目录……这些文献被复制（素描、水彩画、油画、雕像、照片、电影、微缩胶片），然后被选择、分析、描述和翻译……总体来说，被编目入藏的羚羊是原始文献，其他文献都是二手的或衍生的。（Briet, 2006, 10）

在图书馆与信息科学以及博物馆研究这两个领域，文献这一概念对于理解博物馆系统和馆藏文物都非常重要。它开辟了广阔的视野，并提供了理解人与信息之间关系的新理念。馆藏文物（musealia / museum objects）通过它们所反映的关联而成为文献；它们可以讲述很多故事。从传统意义上来说，博物馆工作人员没有将博物馆物视为"文献"，但是他们可能比大多数人都更加明白，博物馆物不可避免地涉及这类呈现和交流。

以文献为中心的博物馆

在本书中，今天的博物馆被概念化为一个以文献为中心的机构。这意味着博物馆所做的一切都回到文献和文献记载上来 —— 即物及其被阐释、分类、保存和体验的方式。以文献为中心的博物馆不同于康恩的"基于物的认识论"，即所有知识都来自物。作为一个社会的、物理的和精神的实体，文献远不止于此。文献是对某个时间、地点或存在的有意义的呈现，并且被不同的观者以多种方式所感知。以文献为中心意味着资料是博物馆所有活动、意义和目的的支点（见图 6.1）。我们回顾一下前面章节中提到的反馈循环，文献与博物馆的所有元素之间相互关联、彼此影响。这是一种动态的、全面的博物馆理念，承认博物馆的独特之处是文献 —— 具有象征意义的实物 —— 及其在人际网络中的关系。

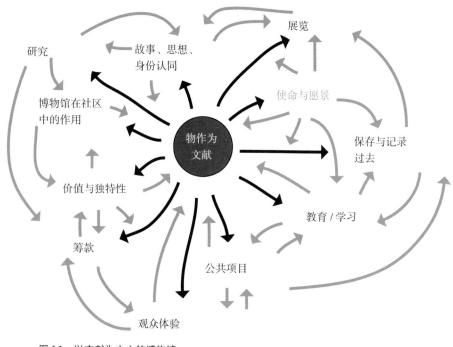

图 6.1 以文献为中心的博物馆。

图中文字：
研究
故事、思想、身份认同
展览
博物馆在社区中的作用
使命与愿景
物作为文献
保存与记录过去
价值与独特性
筹款
教育 / 学习
公共项目
观众体验

人与文献的交流

在以文献为中心的博物馆中，人（无论是工作人员还是访客）与物之间的关系是极其重要的。人与物的相遇有一些不同于物品单独存在或人尚未遇到它时的特别之处。两者的相遇会生成一种体验、一种融合而统一的瞬间。这种体验被称为一种交流，更确切地说，是一种人与文献的交流。在博物馆领域，伍德和莱瑟姆（Wood and Latham, 2013）将这种体验描述为统一的体验（unified experience），强调物与人相遇时所发生的状况。交流（transaction）的概念来自 20 世纪初著名哲学家和教育改革家约翰·杜威（John Dewey）的著作。博物馆中的交流是一种独特的事件，是博物馆所有工作的核心。博物馆的两个最核心要素是事物（有意义的物质资源）与公众（博物馆使用者），但是博物馆体验的最高境界则是两者的结合（交流）。这正是使博物馆成为社会上独特机构的原因所在。除了博物馆和相关机构（例如，国家公园和纪念馆）外，你再也找不到其他地方可以为人们展示真实的东西。人与文献之间的关系是博物馆所有工作和体验的核心。博物馆工作人员可能会问自己博物馆实践的价值与意义所在：为什么要将这件物品编目？为什么要为这件展品做支架？为什么要制作博物馆宣传小册子？为什么要向小学生讲授这个话题？发生在人与物之间的交流是所有这些情形的关键所在。对于观众也有类似的问题：为什么会有人来博物馆？博物馆中存在哪些人们在网上或书中看不到的东西？当然，给出的理由有很多，比如想学习、想和家人在一起、想感受文化等，但他们可以通过其他方式来做这类事情，比如看纪录片、参观迪士尼乐园或者去看歌剧。博物馆体验的独特之处在于沉浸在一个包含着物质实体（文献）构成的、有存在感的环境中，并让观众从中有所感悟。无论是专注于某件展品还是整个展览，人们都会在博物馆化的事物面前感受到一种独特的效果。

第四部分

都是谁

第七章　博物馆工作人员

博物馆工作的早期发展

　　自第一批博物馆出现以来，博物馆工作人员所从事的工作任务发生了巨大的变化。正如第二章所讨论的，现代博物馆是从文艺复兴时期的私人珍奇屋发展而来。虽然大多数珍奇屋的拥有者都是知名人士，但那些帮助他们积累和保管藏品的人却鲜为人知；然而，也有若干惊鸿一瞥得以让我们窥见那时的一些珍奇屋是如何运营的（Findlen, 1994）。例如，1599 年制作的木刻版画展示了药剂师兼收藏家费兰特·因佩拉托（Ferrante Imperato, 1525—1625）带人参观其私人珍奇屋的情景（在网上搜索"Ferrante Imperato"即可轻松找到该图像，它被认为是关于博物馆的第一幅插图）。在该木刻版画中，因佩拉托与他的客人们正站在一个高屋顶的房间里，房间里排满了架子和柜子；天花板上悬挂着制作好的动物标本，因佩拉托正用一根长长的棍子指向其中的一些战利品。这幅木刻版画没有展现那些在因佩拉托的指挥下制作标本、在房间内布置藏品的助手。相比之下，1677 年出版的一幅蚀刻画描绘了费迪南多·科斯皮（Ferdinando Cospi, 1606—1686）站在他的藏品中间，而博物馆看管人（caretaker）或称博物馆管理员（意大利语：custode del museo），一位名为塞巴斯蒂亚诺·比亚瓦蒂（Sebastiano Biavati）的侏儒，清理着架子上的一件物品。除了比亚瓦蒂之外，在早期的现代博物馆中曾经辛勤付出过的助手们很少在有关博物馆的公开出版物中被提及。在某种程度上，比亚瓦蒂的地位似乎不同寻常，因为他既是一位助手，也是收藏的一部分。

另一个例子是莱温·文森特博物馆（Levin Vincent's museum）在 1706 年图录（catalog）中的铜版插图（见图 7.1）——《大自然奇观剧场》（Wondertoonel der Natur/Theater of Nature's Marvels），该插图展示了人们跟随着至少一名助手参观博物馆的情形。文森特（1658—1727）是阿姆斯特丹的一位布商，他利用自己的财富建造了一座规模宏大的珍奇屋，并出版了他的藏品图录。插图中描绘的大多数访客都穿着考究，因此可以确定他们与文森特本人属于同一社会经济阶层；插图的右下角有一位衣着远没有那么优雅的年轻助手，似乎正在帮助一些访客找寻某些物品。

图 7.1　文森特博物馆（1706 年）。

19世纪的博物馆预算记录显示，许多机构的工资单上都有助手的身影，但却没有言明这些人的培训情况或他们执行的具体工作任务。1900年，英国的埃及古物学家威廉·弗林德斯·马修·佩特里（William Flinders Matthew Petrie）提议为伦敦博物馆建造一座大型公共藏品存储设施，并指出，在几位专业的研究馆员指导下，该场所的工作人员只需在藏品编目、存储和保管方面接受最少的培训即可（Petrie, 1900；Podgomy, 2012）。为了加快缓慢的藏品编目进程，佩特里推荐使用当时的新技术 —— 特写、高分辨率、黑白摄影 —— 来代替详细的物品描述。未来的博物馆将采用多种科技形式来解决其藏品编目和保管问题，他的这种预测无疑是正确的，但是佩特里并没有预料到更高水平的内容和藏品管理专业知识，这在今天的博物馆中已很常见。

到20世纪初，美国的博物馆工作人员变得更加专业化，并需要更多的培训。例如，受聘于第一次世界大战前后的第一批全职博物馆教育工作者是学校的教师。新泽西州纽瓦克市的纽瓦克博物馆（Newark Museum in Newark, New Jersey）馆长约翰·卡顿·达纳（John Cotton Dana）是将博物馆教育发展为一种职业的先驱。达纳认为，博物馆教育工作者的出现将博物馆从所谓的"放牧式博物馆"（grazing museums）转变为"视觉教学机构"（institutes of visual instruction）。在20世纪20年代至30年代，第一批关于博物馆教育的研究成果发表，这带动了博物馆教育工作者的进一步专业化。1932年，美国只有15%的博物馆有教育项目，但到1960年，大约79%的博物馆有教育项目（Roberts, 1997）。在此期间受聘于大型博物馆的研究馆员通常是人类学、艺术史、生物学或历史等学科的专家，并在其研究领域拥有高学历。许多展览工作人员因其在平面艺术或美术方面的背景而被聘用。19世纪末，登记员（registrar）的职位首次在博物馆中使用，1900年后才开始变得越来越普遍。

在整个20世纪，博物馆的工作变得更加专业化，出现了许多新头衔，包括展览开发员（exhibition developer）、藏品管理员（collection manager）和观众服务经理（visitor services manager）。博物馆领域迅速专业化的一个标志是博物馆工作人员专业协会的形成，最早是1889年在英国成立的博物馆协会。美国博物馆协会，即现在的美国博物馆联盟（AAM）成立于1906年，其第一份定期出版物《博物馆工作》（*Museum Work*）——后来称《博物馆新闻》（*Museum News*），现为《博物馆》（*Museum*）——于1918年开始发刊。美国历史协会（American Historical Association）成立于1884年，而美国州与地方历史协会（American Association for State and Local History, AASLH）成立于1940年。国际博物馆协会（ICOM）成立于1946年。下文将更详细地讨论当前博物馆中存在的各种工作任务和头衔，很显然这无法涵盖目前博物馆系统中所有可能的职位。

博物馆工作的培训和准备

尽管从19世纪末以来，许多博物馆工作人员都接受过专业培训（如作为会计师、艺术家、学校教师和学科专家），但博物馆研究方面的正式培训只有一百多年的历史，大多数由高校主导的博物馆研究项目还不到四十年。正式的博物馆研究培训项目之所以会花费这么长时间才产生，其原因在很大程度上是很多博物馆业内人士未能认识到专业培训的必要性，而且对博物馆研究项目应该教授什么也缺乏共识。多年来，博物馆职业岗前培训一直被认为只不过是学科学位（例如，人类学或历史学）或技术学位（例如，会计、教育）与博物馆在职工作经验的结合。这样的体制培养了称职的博物馆工作人员，但没有培养出熟悉博物馆哲学、技术和理论的博物馆学家，而所有这些都是职业进步所必需的（Simmons, 2006）。

1908年，萨拉·约克·史蒂文森（Sarah Yorke Stevenson）在费城的

宾夕法尼亚博物馆和工业艺术学院（Pennsylvania Museum and School of Industrial Art in Philadelphia）开设了第一个正式的美国博物馆专业人员培训课程，随后，1910 年在韦尔斯利学院（Wellesley College），1911 年在艾奥瓦大学（University of Iowa），1921 年在哈佛大学（Harvard University），1925 年在纽瓦克博物馆先后开设了培训课程。尽管如此，博物馆研究的研究生项目直到 20 世纪 70 年代才开始激增。如今，博物馆研究不仅有各种官方认证的在校或在线的硕士学位项目，而且还有涉及博物馆研究各个方面的研究生资格证书项目和一些不属于大学的资格证书项目。

工作人员、部门和工作任务

任何博物馆都有许多工作要完成。在较大型博物馆，工作人员往往更加专业化，每个人承担的工作范围很小，一般是经常性的。在小型博物馆，工作人员更加通才化，每个人承担的工作范围更广，但不是经常性的。由于在小型的博物馆工作的大多数博物馆专业人士必须执行范围更广、数量更多的工作任务，因此工作头衔很难准确描述其工作职责。此外，博物馆出于社会预期和经济考虑都在寻找新的方法，以更少的钱做更多的事。例如，随着博物馆藏品规模的不断扩大，训练有素的藏品保管人员的数量与需要保管的藏品数量之间已有的比例失衡将继续加剧。在未来，大多数博物馆专业人士可能会被要求从事与前辈们相比更多种类的工作任务。最近，博物馆工作的另一个趋势是聘用顾问。由于博物馆工作人员数量受到预算的限制，因此，某些过去由内部完成的博物馆工作现在以合同形式交由外部顾问来完成，特别是诸如展览开发和布展、网页设计、藏品保护、评估和筹款等工作。

关于头衔……

工作任务在博物馆员工中的分配方式因博物馆不同而有差异，这取决于博物馆的规模、组织结构、藏品内容、机构使命等。为便于讨论，这里将各种工作任务放在执行者的职业头衔下进行描述，但在具体的实践层面，大多数博物馆专业人员的工作并未限定在头衔的范围之内。此外，同一职务名称可能在不同博物馆意味着完全不同的工作任务和内涵，尤其是下面将会讨论到的 curator（研究馆员）这个职务名称。到博物馆求职的应聘者应该仔细阅读岗位描述和职责，以便准确了解博物馆对应聘者的预期。到博物馆求职的应聘者必须小心谨慎不要被职业头衔所误导，应该根据想做的事情而非应该拥有的头衔而作决定。下面，我们将根据传统的职务名称对行政管理、收藏、保护、教育、展览、公共关系、安保、维护、观众服务和研究等工作进行描述，但请记住，博物馆系统是错综复杂又相互关联的，并不总是等级分明的，有些博物馆只涉及这些头衔中的几个。例如，小型博物馆总是有馆长，但很少会有发展官（development officer）这一头衔。

行政管理

馆长（Director）

博物馆馆长是对博物馆的运营负有最终责任的管理者。在一些博物馆，特别是大型机构，馆长可能拥有首席执行官（CEO）的头衔。在几乎所有博物馆中，馆长要么向受托人委员会（a board of trustees）或董事会（a board of directors）报告，要么向政府机构报告。在许多大学博物馆，馆长向系主任、院长、大学校长或相当职位的人报告。现代博物馆的馆长要花费惊人的时间为博物馆筹款：拜访潜在的捐赠人，向资助机构呼吁，与潜在的赞助企业合作。馆长必须具有良好的（兼具人事和财务）管理能力，良好的规划和沟通能力，并具有精湛的外交技巧。他们通常是董事会或其他政府部门与博物馆工作人员之间重要的沟通纽带。

在较大型的博物馆中，馆长通常不会直接监管所有的员工，他们依靠可靠的博物馆专业人员或工作人员所组成的网络来完成博物馆的使命。

发展官（Development Officer）

发展是为支持博物馆的使命而必须进行的关键性筹款工作。虽然发展官通常不需要具备特殊的博物馆专业知识，但他们对博物馆了解越透彻，就越能有效地与潜在的捐赠者合作。负责发展的工作人员通常被称为发展官，一般拥有财务、会计或商业背景，并且大多具有良好的社交技能和出色的沟通技巧。对于负责发展的人员来说，了解诸如博物馆接受馈赠的种类、博物馆需要什么来履行使命、博物馆藏品应如何增长和发展等问题是至关重要的。发展官与捐赠者、拨款申请撰稿人和资助机构通力合作，帮助博物馆实现其财政目标。

拨款申请撰稿人（Grant Writer）

拨款申请书（grant writing）是一种特殊形式的阐释性文体。拨款申请撰稿人必须注意细节，并能够仔细遵循拨款准备中的各项指南，但也必须在陈述博物馆需求的方式上具有说服力。虽然拨款申请撰稿人很少需要博物馆研究的相关学历，但对博物馆功能（和系统）的良好把握将会让拨款申请工作更加有效率。拨款申请撰稿人应熟悉各种基金会和政府的奖助资金的来源，以及每种类型资助的要求和截止日期，并在拨款申请写作方面有可以证明的成功纪录。拨款申请撰稿人可以不是固定员工，可以是被聘用的临时工作人员或顾问。

网页设计师（Web Designer）

优秀的网站设计常常被博物馆工作人员所忽视。实际上，许多博物馆观众第一次了解博物馆是通过博物馆的网站，因此设计精良的网站对博物馆来说至关重要。网页设计师应该具有信息技术和设计方面的背景。虽然对于网页设计师来说，博物馆研究的相关学历通常不是必需的，但是了解博物馆复杂性的工作人员才能够为博物馆制作出最好的产品。

律师（Attorney）

博物馆法是律师中稀有的专业，但对博物馆来说却是极具价值的。博物馆法涵盖了一系列主题：从影响非营利组织的法律问题到版权法，再到有关文化财产、植物和野生动物转运的国际法和公约。大多数博物馆没有在职律师，只在必要时聘请律师。博物馆律师通常拥有法学博士学位（JSD），并且是该州律师协会的成员。

财务主任（Financial Officer）

博物馆的财务主任可能需要拥有会计或商业学位，或者具有注册会计师（CPA）资格，具体取决于博物馆的规模和复杂程度。财务主任负责博物馆账目和工资的预算和管理。在复杂的大型博物馆机构中，财务管理可能会非常复杂。财务主任不仅要处理平常的业务费用，而且还必须了解人们实地调查的方式、设计和布置展览，与馆藏文物有关的变幻莫测的商业市场，此外，还需对影响非营利机构的相关法律法规有敏锐的认识。

人力资源主任（Human Resources Officer）

博物馆中人力资源主任的工作任务与在其他机构中的工作任务没有什么不同，只是在博物馆中，人力资源主任可能必须处理工作人员中更多种类的就业责任。人力资源主任通常需要拥有人事管理或商业方面的学历。

会员总监（Membership Director）

很多博物馆非常依赖会员的支持，所以会员总监的职位非常重要。会员总监或协调员（coordinator）负责设计会员方案，为会员制定福利和活动，招募会员，并与志愿者协调员和负责发展的工作人员开展经常性的密切合作。实际上，会员总监在向最忠实的受众阐释博物馆方面起着关键作用。大多数会员总监都有良好的人际交往能力，并接受过公共关系、市场营销或博物馆研究方面的正规培训。

志愿者（Volunteers）

志愿者在许多博物馆中扮演着重要的角色，一些小型博物馆完全由志愿者管理而没有带薪的雇员。即使只参加过博物馆的岗前培训，他们是受过某种程度培训的典型的兴趣个体。志愿者通常在咨询台和特殊活动等博物馆的公共联络区域工作，但也可能担任导览员、教育工作者、藏品或研究助理，甚至是研究馆员的职务。专业的科学家或学者在退休后以志愿者的身份在博物馆继续他们的研究工作，这种现象并不罕见。有些博物馆将主要负责教育工作的讲解员（docents）与其他志愿者区分开，但是在其他博物馆，志愿者可能被统称为讲解员或者就是志愿者。

志愿者或讲解协调员（Volunteer or Docent Coordinator）

本杰明·艾夫斯·吉尔曼（Benjamin Ives Gilman, 1852—1933）于1893年至1925年期间担任波士顿美术博物馆馆长，他将讲解员（docent）一词引入博物馆。docent 的词根是拉丁语 *docēre*，意思是教导。在美国，讲解员是训练有素的志愿者，兼任博物馆导览员（guide）或教导员（instructor），或履行与公共服务相关的其他职责。有些博物馆有非常广泛的讲解员项目，并为其提供正式的培训。一些小型博物馆大多由志愿者管理，其正常运行有赖于讲解员的忠诚、善意和奉献精神。招募、培训、监督和激励讲解员都是讲解协调员的工作。讲解协调员必须具有良好的人际交往能力，并应具有正式的教育背景。在某些情况下，博物馆志愿者的工作超出了讲解员的工作范围，志愿者经理可以帮助志愿者协调与博物馆工作人员和项目的日程安排。

收藏

档案管理员（Archivist）

档案工作的重点是手稿和记录的组织、索引、分类、存储和检索。尽管传统的档案材料主要由纸质文件组成，但现代档案材料还包含存储在其他介质上的信息，包括电影、磁带和数字格式。数字保存正成为所有档案管理员的一项重要技能。博物馆档案管理员主要从事用于支持博物馆的收藏、历史及运营的档案工作，但有时也会负责保管相关的历史性收藏。目前，既有的收藏记录通常由登记员和藏品管理员负责保管。大多数档案管理员需要图书馆与信息科学或历史学方面的研究生学历。

藏品管理员（Collection manager）和登记员（Registrar）

藏品管理员和登记员的职业非常相似，在某些情况下，这两个头衔是同义词。登记员的头衔首次用于博物馆是在 19 世纪末和 20 世纪初，指的是负责藏品入藏流程和处理其他与收藏相关记录保存的博物馆工作人员（见图 7.2）。藏品管理员的头衔于 20 世纪 70 年代中期首次在自然

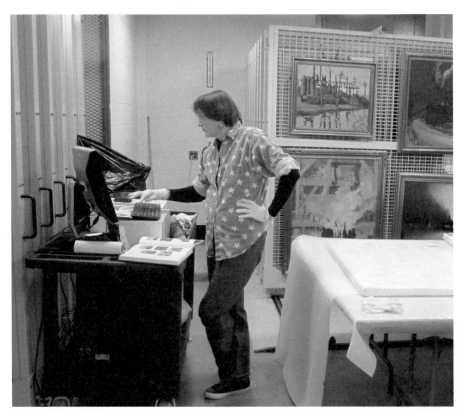

图 7.2　进行电子数据库藏品编目。（宾夕法尼亚州立大学地球与矿物科学博物馆与美术馆）

（摄影：作者）

史博物馆中使用。曾有一段时期，藏品管理员是指在大型自然史或历史收藏中负责收藏和与收藏相关记录的人员，而登记员专指负责艺术收藏和中小型博物馆收藏的工作人员，但这些区别到20世纪90年代末逐渐消失了。而在商界（博物馆行业之外），collection manager也可以指负责收账的人。博物馆藏品管理员和登记员职位的标准要求是：拥有艺术史、历史或自然史等专业的本科学历以及博物馆研究或图书馆与信息科学的研究生学历，其中特别强调登记和藏品管理专业。

研究馆员（Curator）

研究馆员这一职务名称被广泛应用，但具体所指存在差异。研究馆员可以指研究人员（researcher）、高度专业化的学科专家（highly

---

现实验证

关于头衔

一个关于头衔的案例来自我在博物馆工作期间担任的职位。我的工作头衔是藏品研究馆员（curator of collections）。根据我们在本章中的职务介绍，这个头衔可能有点儿令人困惑，但对于我所做的工作来说，这是一个很好的头衔，因为我既是藏品管理员，又是藏品研究员。当然我不是博物馆主题 —— 太空历史方面的专家，但随着时间的推移，我逐渐熟悉了这个主题。我的工作被分成了藏品登记（在库和出借）、藏品保管（见图7.3）和组织，以及展览研究和支架制作。在另一个职位上，我的头衔是藏品与研究方面的研究馆员；我负责保管大量的地方文物和档案材料，同时还负责馆内展览的政策、预算、文字和设计工作。无论是哪个工作 —— 在中型博物馆 —— 我都没有或被要求拥有博士学位。（KFL）

图 7.3　在堪萨斯州哈金森市的堪萨斯宇宙和太空中心（Kansas Cosmosphere and Space Center, Hutchinson, Kansas），正在对一架用过的双子座飞船内部作状况报告。　（摄影：作者）

specialized subject expert）或藏品保管人员。保管员（keeper）一词有时仍用于指称主要负责藏品保管的研究馆员。作为研究人员的研究馆员通常拥有学术专业的博士学位，并基于藏品进行研究，为展览和教育项目提供专家意见，并助力藏品的增长和发展。主要负责藏品保管的研究馆员，通常拥有某一学科的本科学位和博物馆研究的硕士学位或类似学位，比如公共史学硕士学位。在一些博物馆，研究馆员还负责一些藏品登记和编目工作。研究馆员越来越被期待从幕后走出来，把他们的学识传递给公众。

信息技术人员（Information Technologist）

博物馆的信息技术（IT）需求可能不拘一格。除了用于管理预算和工资的软硬件外，博物馆的信息技术人员还必须熟悉藏品管理的软硬件、博物馆商店和食品服务的系统、通常用于展览的设计软件。大多数博物馆的信息技术人员都拥有信息技术或计算机科学学位。

施工制作人员（Preparator）

在博物馆世界里，施工制作人员是指专门负责对博物馆物进行包装和运输的人员，通常负责展览的布展和撤展。由于制作人员工作任务的专业性质，他们大多数是在工作机构中接受职业培训，不过通常拥有美术或应用艺术学位。在自然史博物馆中，也有一个类似于制作人员的职位，即从事特定标本制作的人员，例如化石制作员（fossil preparator）。

摄影师（Photographer）

随着数码影像技术的引入，博物馆摄影师的职位在过去15年间发生了巨大变化。当代的博物馆摄影师不仅要知道如何拍摄高质量的照片，满足收藏、展览、营销、研究人员的专业摄影需求，而且还要精通包括扫描和三维成像在内的数字成像技术。在某些情况下，摄影师还需要熟悉与拍摄藏品相关的版权和许可问题。许多博物馆仍然存有大量的传统胶片格式的图像收藏，包括黑白底片、彩色底片、彩色幻灯片、电影胶片和视频，所以许多博物馆也要求摄影师知道如何处理这些材料。大多数博物馆摄影师接受过摄影艺术专业培训或者摄影记者培训。

文物保护

文物保护人员（Conservator）

文物保护人员接受过藏品和物品评估和保存方面的培训。文物保护工作分为三大类：工作台保护工作（bench work）或针对单件物品的保护工作；聚焦藏品存储环境、防止藏品劣化的保护工作；研究藏品保护方法和技术。工作台保护人员和藏品保护人员一般具有保护科学的硕士学位；研究型保护人员则通常需要材料科学或化学的博士学位。博物馆保护人员的工作会因藏品类型和博物馆的规模而有很大差异。在规模较小且更加多样化的机构中，保护人员往往是多面手，在许多领域拥有全面的知识储备，但规模较大的机构可能会聘用专业的保护人员，例如仅针对巴洛克时期绘画或纸张的保护人员。保护人员的职位大多出现在较大型的博物馆中。

文物保护技师（Conservation Technician）

文物保护技师是比文物保护人员接受更少培训与经验的文物保护专家。他们要么在保护人员的指导下进行工作，要么在与保护人员的密切沟通中进行工作。

教育

教育工作者（Educator）

从历史上看，许多博物馆教育工作者都受过培训，通常拥有课堂教学的资格认证。随着博物馆教育和非正式学习研究的发展，拥有博物馆研究学位而非教育学位的博物馆教育工作者越来越普遍，即便如此，博物馆教育工作者的背景仍然多样化。如今，大多数博物馆的教育工作者都接受过学习理论的训练，并提倡围绕学习来满足观众需求。教育工作者可能会专门为特定的年龄群体（从学龄前儿童到老年人）制订方案，也可能与个人、家庭、团体等不同类别的观众合作。越来越多的博物馆（像图书馆那样）聘用受过专门培训的教育工作者为家庭、学校及团体服务。博物馆教育工作者会根据博物馆的收藏和展览制订项目方案（见图7.4），评估更广泛的学习成果，并与展览人员和研究人员一起进行藏品阐释。

图 7.4 活态历史博物馆中的讲解员是博物馆教育工作者的一种。在俄亥俄州阿奇博尔德的绍德村（Sauder Village, Archbold, Ohio），莱瑟姆（K. F. Latham）装扮成 19 世纪 30 年代初期的阿米什移民（Amish immigrant）。 （摄影：作者）

项目开发员（Program Developer）

在拥有教育部门的大型博物馆中，除了博物馆教育工作者之外，还可能有在职的项目开发员。博物馆项目开发人员通常拥有博物馆研究学位，而且也是基于博物馆收藏和展览进行教育项目开发的专家。

受众评估员（Audience Evaluator）

一些博物馆有负责衡量展览及其他活动项目对博物馆观众影响的在职评估员，而另外一些博物馆则将此项工作外包给独立的专业人士。评估员可能有多种头衔，包括馆长、协调员和教育工作者。这些工作人员设计和实施评估，并将其发现反馈给公共活动项目的工作人员。评估员可能需要具有受众评估、教育理论、环境设计、传播、营销和发展心理学等方面的知识。评估员职位通常需要具有教育或博物馆研究的研究生学位以及受众评估经验。

展览

展览开发员（Exhibition Developer）

展览工作人员可能拥有美术或设计艺术学位，通常也接受过博物馆研究的培训，并且必须熟悉档案材料以及传统设计和建筑材料的使用。展览工作人员的日常实践包括规划和设计未来的展览，为当前展览制作支架和搭建场景，清理旧展览的灰尘等工作内容。尽管大多数展览工作人员都是博学多才的，并且能够从事与展览设计和搭建相关的各种工作任务，但博物馆还是需要一些特殊专业的人员，这留待下文详述。尽管较大型的博物馆通常拥有丰富而完备的展览工作人员，但许多较小的博物馆则只能使用团队方式，即利用博物馆多个部门的人员组队去完成展览。或许博物馆还会将展览设计和制作外包给私人公司或顾问。

美术师（Artist）

展览美术师可能擅长绘画或雕刻，有的则两者兼而有之。除了展览设计和搭建之外，展览美术师还可以制作展品支架，负责展览标签和整个博物馆使用的其他标识的设计、排版和制作。

木工（Carpenter）

展览木工必须擅长制作框架结构、专业搭建和施工，以及收尾工作。博物馆的木工要求做许多复杂的工作，从为沉重的藏品制作承重结构到为微小或易碎的藏品制作支架。通常，人们只能在大型博物馆中找到专职的木工。

设计师（Designer）

设计师是具有数字和自动化设计软件技能，懂得如何将复杂的想法转化为视觉呈现，知道如何将脆弱、敏感的所藏之物融入更大故事情节的专家。展览设计师必须具备必要的人际交往能力，才能作为团队的一分子与展览制作人、研究馆员、教育工作者和其他专家合作开发展览。

公共关系

公共关系官（Public Relations Officer）

博物馆公共关系人员必须具备卓越的沟通技巧，并能够将复杂的想法转化为公众可以理解的语言。大多数公共关系工作人员都拥有新闻、营销、传播或广告专业的学位。

安保

安保人员（Security Officer）

曾经，博物馆安保人员的主要工作就是确保观众不会触碰展品，保证不会有任何藏品被盗。然而，在过去的20年里，博物馆的安保由于公共场所暴力事件的增加已成为一个日益复杂的问题。当代安保人员必须接受公共安全评估方面的培训，包括爆炸物检测、对付武装入侵者、人群流动与安全、急救以及博物馆安全系统。博物馆安保人员有责任确保博物馆的安全、预防和监控系统正常运行；与员工一起鉴别安全问题并确保藏品存放安全；为保护公共安全筛查观众；与地方、州立和国家的执法机构合作；雇用和培训博物馆警卫。博物馆安保人员通常受过犯罪学或刑事司法、警察科学、执法或公共安全方面的培训。

博物馆里的反恐特警队

当我担任藏品研究员时，我有一次被告知当地的反恐特警队要在我们博物馆进行演习。有人告诉我，黑暗曲折的地下迷宫般的博物馆展厅非常适合他们的培训需求。然而，由于我们的大部分展览和藏品库房都在将要进行演习的地下室（而且是在晚上），对此，我感到非常紧张。我想象到一群不熟悉我们博物馆的军官手持大型武器，戴着夜视镜，冲过摆满了独一无二的飞行航天器和其他文物的展厅。那时，我们博物馆没有安保人员，但却有一位负责安保的副馆长，同时，博物馆的一名教育工作者正在接受警官培训，他们向我保证一切都会安然无恙。最后，没有任何东西被损坏，正如副馆长后来指出的那样，现在我们拥有了一支非常熟悉博物馆场地且训练有素的军官队伍，他们时刻准备在必要时为我们处理紧急事务。

（KFL）

警卫（Guard）

博物馆的警卫是博物馆安保方面最常被公众看到的人员。根据博物馆的规模和藏品内容，博物馆可能仅在向公共开放时间有警卫值班，或者保证一天24小时、一周7天的全天候工作。与公众打交道的博物馆警卫除了接受安全培训外，还必须具备良好的人际交往能力。在一些博物馆里，经过培训的警卫人员还可以引导访客参观博物馆。

好警卫贵如金

我曾经在托莱多艺术博物馆（Toledo Museum of Art, TMA）与其中一名警卫有过难忘的经历。那一刻让我意识到，仅仅让警卫在展厅里默默地守望，用怀疑的目光看着观众，这不仅让观众感到不舒服，而且是一种资源的巨大浪费。这个警卫改变了我的看法。我走进了我最喜欢的一个展厅，那里展出的是文艺复兴时期的肖像画。正当我环顾四周，确定方位时，一名警卫兴奋地向我走来并挥手让我过去，说："过来，过来，你一定要看这个，这是整个博物馆里我最喜欢的。"他为我拉过一把椅子（托莱多艺术博物馆另一件了不起的事情是为观众提供了大量可移动的椅子；见图7.5），把它直接放在一幅伦勃朗的画作前面，并示意我坐下。然后他离开了，脸上挂着灿烂的笑容，留下我独自凝神欣赏这幅画。（KFL）

维护

设备经理（Facilities Manager）

博物馆设备经理，有时也称运营经理（operations manager），主要负责监管博物馆建筑的物理结构，包括所有电力、水、安全以及加热和冷却系统。大多数设备经理都具有供暖、通风和空调系统方面的工程或技术培训背景，同时必须熟悉博物馆藏品库房的特殊需求。在较老旧的建筑中，设备经理可能必须对仍在运行的老式的或被遗忘的楼宇系统进行深入的了解。在计划和实施翻新或增建时，设备经理则扮演着博物馆和施工人员之间的中介角色。通常情况下，设备经理主要负责保洁和场地以及博物馆建筑运行的管理。

图 7.5　托莱多艺术博物馆为观众聚精会神欣赏艺术作品而准备的椅子。　　　（摄影：作者）

保洁人员（Custodian）

保洁人员担负着博物馆保洁的辛勤工作。尽管经常被忽视且不被其他工作人员欣赏，但保洁人员的作用对博物馆建筑的运行非常重要。保洁人员通常在设备经理的领导下工作。虽然大多数保洁人员不需要特定的工作背景，但在现场对他们进行有关藏品和展览的特殊需求的教育是有益的。作为一线工作人员，他们可以成为维护博物馆独特资源的关键角色。

现实验证

知道他们的名字

在博物馆从事诸如清洁、草坪护理和安保等工作的人，通常被博物馆员工视为理所当然，但他们不应该被如此对待。例如，当我们教授藏品管理时，我们喜欢指出正是博物馆的保洁人员最可能发现虫害问题，因为他们通常在藏品保管人员到达之前就完成保护工作，清洁可以消除虫害的早期迹象。保洁人员可能会在工作时无意中使用化学品，这些化学品产生的水汽可能会损毁馆藏文物，所以，藏品管理员有必要与他们保持良好的沟通。我们在课堂上告诉学生，如果他们不能和保洁人员做到直呼其名般熟络，那就说明了他们没有做好自己的本职工作。（JES 和 KFL）

场地管理员（Grounds Keeper）

在设备经理的领导下，维护博物馆的草坪、人行道和停车场是场地管理员的责任。维护场地并不完全是为了美观。了解景观与建筑的关系对于保持建筑及其内容的干爽和安全是非常重要的。

观众服务

观众服务协调员（Visitor Service Coordinator）

一些博物馆设有观众服务协调员或观众服务总监（visitor services director）的职位，主要负责管理一线员工和设施，协助向每位观众提供一个享受更高水准博物馆体验的机会。观众服务工作的内容和方式因博物馆不同而有差异，一般包括观众接待、方位引导和入馆流程的维护，确保洗手间备货充足，衣帽间有专人负责，以及为观众提供急救护理。这一岗位的人员还可能负责活动策划、礼品店和食品区域的工作。

现实验证

别把你的名字刻在重要的文物上

当我负责藏品部时，作为博物馆常驻的"反对者"，我被认为是"不要碰"的怪物格林奇（Grinch）。有一天，当我在对我们的一架飞机进行抽查时，我不开心了。这架飞机是 SR-71 黑鸟（SR-71 Blackbird），它的机首指向地板附近的一个角度，靠近正门入口，我发现飞机表面刻着涂鸦。因为飞机的摆放方式，任何人都可以触摸到它，但管理层不希望飞机周围设有标识或栅栏。我是一个朝八晚五的员工，这意味着我通常在下班后或周末都不在博物馆，下班后和周末是举行派对的时间。我们经常把博物馆入口处而非展厅的空间租出去。一天晚上，我看到负责活动的员工摆好桌子，并注意到一些奇怪的事情，他们在飞机机首正下方摆放了几张桌子。人们会花一整个晚上吃喝，而飞机机首就悬挂在他们正上方。显然，这实在太诱人了以至于他们必须要留下点儿什么；但客人们没有想到的是，这架飞机是一件曾经飞离地球很远的珍贵文物。（KFL）

活动策划人（Event Planner）

拥有空间并可以出租给公众举办诸如婚礼、生日派对或会议的博物馆可能会有一名在职的活动策划人。活动策划人在保障博物馆利益的同时，与客户一起安排餐饮、音乐和人群管理服务。博物馆活动策划人员通常具有市场营销、公共关系或商业方面的背景。

零售店经理（Retail Store Manager）

经营良好的博物馆商店可以作为展览和公共项目的附属品，以提升观众体验。根据非营利机构的管理法律，商店出售的物品必须反映博物馆的使命和宗旨，而且实际上它们通常以博物馆展览或当前活动项目为主题。由于这些原因，博物馆商店经理除了具有良好的商业和零售背景外，还必须对博物馆有所了解。

研究

研究馆员（Curator）

如上所述，在一些博物馆中，研究馆员从事研究或其他学术活动。大多数研究馆员进行基于藏品或与藏品相关的研究。承担研究职责的研究馆员在大型科学、艺术或历史博物馆中比在其他类型的博物馆中更为常见。通常情况下，大学博物馆的研究馆员同时在教学部门和博物馆任职，因此他们就兼具大学教授和博物馆工作人员的双重职责。

图书管理员（Librarian）

博物馆的图书馆工作与其他图书馆的工作相似，不同之处在于博物馆的图书馆是高度专业化的，图书管理员必须在研究馆员、展览设计师和博物馆教育工作者所开展的研究领域有所专长。除了更传统的图书馆资料以外，博物馆图书馆通常藏有大量的古籍善本和手稿。图书管理员通常只存在于具有深入研究或学术使命的大型博物馆中。

第八章　博物馆的使用者

什么是博物馆的使用者?

博物馆服务于广泛的受众。使用博物馆的人有着多样而复杂的需求，因此博物馆专业人士需要掌握博物馆使用者的情况。博物馆使用者是指任何使用内部或外部博物馆的人（见图 8.1）。外部博物馆的使用者包括走进来参观展览、参加活动项目或研究收藏的观众，也可以是那些通过教育延伸服务和在线资源使用博物馆的人。内部博物馆的使用者包括博物馆工

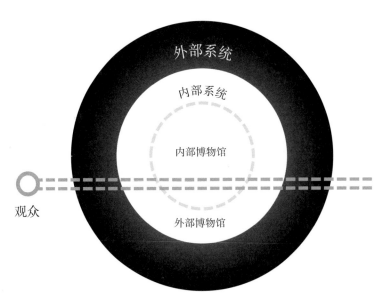

图 8.1　博物馆系统中的使用者。

作人员和志愿者。本章重点关注外部博物馆使用者的观点，更具体地说，关注的是那些不在博物馆工作或做志愿服务的博物馆使用者，也就是那些只看到博物馆运行台前（相较于内部博物馆的幕后而言）的使用者。

如第三章所讨论的，外部博物馆涉及的不仅仅是展览、礼品店和餐厅，它还事关博物馆（内容和活动项目）与人之间的交流。没有受众，博物馆只不过是一个存储库或仓库。作为一个维护不可替代且意义深远的物质资源的系统，博物馆需要有目的和受众。博物馆要想变得有意义，就需要有人 —— 观众 —— 从物质资源中挖掘与建构意义。正如博物馆的定义（详见第一章）所述，博物馆是一个观众与关于物质资源的思想和概念进行互动的地方。

为了理解博物馆使用者的动机，本章将探讨如下四个问题：谁是博物馆的使用者？他们为何以及如何使用博物馆？博物馆工作人员如何回应博物馆使用者的需求？以及作为博物馆研究分支领域的观众研究。

谁在使用博物馆？

如果说内部博物馆系统（通常在幕后）看起来很复杂，那么外部博物馆及其使用者可以让内部博物馆看起来简单而直接。毕竟，博物馆的潜在受众是每个人。总体来说，博物馆对所有人开放；没有人被排除在博物馆体验之外，每位观众都会为这次相遇带来独特的视角。即便如此，这并不意味着每个人都会去博物馆。造成不去博物馆的障碍可能是无意识设置的，也可能是作为社会规范的残余而存在。

虽然博物馆使用者涵盖从个人到大型旅游团的范围，但大多数博物馆研究都聚焦于特定的观众，如学校团体、家庭、儿童或青少年。当然，研究每一个（可能）参观博物馆的观众的可能组合几乎是不可能的，但是可以针对频繁参观博物馆的个人和团体的动机和需求进行调查。每个群体都可以根据一些与其发展和人口统计学结构相关的一般特征进行界定。这些细节不能单独去理解，而必须放置在所发生的时空情境中进行评估。在本章节，我们重点介绍五个观众群体：普通观众、学校和老师、儿童和家庭、年轻人、老年人。

美国博物馆的普通观众

近日，触角顾问（Reach Advisors）[①]对参观过 103 家博物馆的 40 000 多个家庭进行了一项研究，其最终结果勾勒出了美国博物馆使用者的基本轮廓。在艺术博物馆中，65% 的观众年龄在 60 岁以上，观众总数的 92% 是白人，86% 的观众至少拥有一个大学学位。只有 18% 的艺术博物馆观众是未成年子女的父母。相较之下，科学中心吸引的观众更加年轻；其中，年龄在 50 岁以下的人占 72%，未成年子女的父母占 66%，其中，这些未成年子女大部分在上小学。在科学中心的观众中，80% 的人拥有大学学位，84% 的人是白人。该研究还发现，65% 的历史博物馆和历史遗迹的观众年龄在 60 岁以上，其中，25% 的人是未成年子女的父母，其中一半以上的人是初高中学生。在历史博物馆的观众中，78% 的人至少拥有一个大学学位，其中，95% 的人是白人。儿童博物馆自然会吸引更年轻的观众，其中 89% 的人年龄在 50 岁以下，64% 的人年龄在 40 岁以下。在儿童博物馆的观众中，89% 的人是女性，其中，88% 的人是年幼的（通常是学龄前的）未成年子女的父母；81% 的人至少拥有一个大学学位。

学校和老师

过去，有组织的学生群体曾是参观博物馆的主要人群，但在过去十年中他们的数量一直在下降，究其原因：一是学校担心会影响学生的标准化考试，二是学校不断减少的预算。尽管如此，学校和老师还是期望

---

① 译者注：Reach Advisors（触角顾问）为纽约的一家消费者研究机构。

通过博物馆来强化课堂内容。老师们可以利用博物馆资源为学生们提供具有挑战性的想法和看待问题的不同方法。许多博物馆针对学龄儿童提供校外辅导课程、出借藏品或提供导览参观。一些博物馆通过内部和延伸项目为学生提供动手体验的机会。还有一些博物馆则为老师们提供与展览和其他使用博物馆的方式相关的职业发展项目，以此来创新教学策略和革新教学内容。

儿童和家庭

家庭观众占所有博物馆观众的近40%（Borun, 2008）。对于许多家庭来说，参观博物馆是集学习、社交和娱乐于一体的外出之旅（见图8.2）。

图8.2　装扮为宇航员，孩子们在太空博物馆的一项有趣活动。（摄影：作者）

因此，为了给整个家庭提供积极的博物馆体验，许多博物馆专业人士积极为家庭创造参观博物馆展览、参加博物馆项目、增进家庭互动和联系的机会。

当将儿童视为观众时，重要的是要记住他们使用博物馆的方式与成年人有所不同。孩子们可以以惊人的速度学习新信息，但随着时间的推移，他们学习的方式会不断变化。幼儿的学习是非常具体的，但随着年龄的增长，他们的学习方式会更加抽象。儿童博物馆和科学中心注重在博物馆实践中"动手做"的学习理念。

2005 年，学习创新研究院（Institute for Learning Innovation）在印第安纳波利斯儿童博物馆开展了一项关于家庭如何使用博物馆及其学习环境的研究。鉴于大多数儿童参观博物馆是在成人的陪伴下进行的，因此该研究确定了家庭学习的四个关键方面：

- 家庭需要的是适合家庭群体所有年龄段（从蹒跚走路的幼儿到祖父母）的环境。这就意味着活动必须顾及不同人员的能力和限制。
- 家庭寻求有趣的社交体验。每个人都想在学习的同时看到新事物并乐在其中。大人想让孩子参与对话。家庭需要一种氛围，在这种氛围中，父母可以大声给孩子朗读展签并与他们谈论一起观看的东西。
- 家庭需要将其在博物馆的体验与他们现有的知识联系起来，以便强化知识。
- 家庭学习包括许多不同的学习方式。

青少年

多年来，青少年是一个几乎被博物馆忽视的人群，但是近年来，博物馆和其他记忆机构越来越关注这一特定年龄人群及其需求与行为。参观博物馆正在与电影、电子游戏和新技术这些更容易获得、更能立即使人得到满足的休闲方式争夺时间。青少年更喜欢那些侧重摄影、当代史和阐释当今现象（技术和科学）的博物馆，或者是那些专注于个人身份的博物馆。青少年对博物馆里讲述的故事、叙事和互动方式有一种基于个人身份认同的需求。青少年越是能够利用博物馆和他们感兴趣的体验来探索他们的身份认同感，他们就越有可能让博物馆成为他们世界的一部分。

老年人

在对博物馆观众的大型调研中，威尔肯宁和钟（Wilkening and Chung, 2009）将 1927 年至 1945 年出生的人群定义为"沉默／成熟的一代"（the silent／mature generation）。这些博物馆观众成长于大萧条和第二次世界大战期间。与其他群体相比，他们倾向于谨慎消费。如今，他们中的大多数人已经退休，并且越来越多的人开始遇到健康问题，这使得实体访问变得非常重要。该研究发现，这一代的女性和男性在博物馆中的行为有所不同。女性被称为"梦幻参观者"（dream visitors），她们将博物馆视为有价值的、美好的疗愈场所，博物馆能够吸引并帮助她们寻求身临其境的个体体验。作为热情的博物馆观众，男性更希望个人参与，并且对事实和自我学习更感兴趣，更愿意以自己的方式去享受参观、体验并学习新东西。总体而言，老年观众人数较少，女性略多于男性，这可能与年轻家庭成员一起参观博物馆的频率有关。

人们为何以及如何使用博物馆？

这个看似简单的问题没有直截了当的答案。一个人可能会出于多种不同的原因使用博物馆，因此很难完全搞清楚。对于任何人而言，参观博物馆的原因可能会因他或她来博物馆的日期、与谁一起来以及博物馆如何与个人兴趣相匹配等有所不同。不过，了解人们如何决定使用博物馆是了解他们为何将参观博物馆作为首要选择的重要部分。研究表明，使用博物馆的动机大多可分为几个不同的但又重叠的类别，例如社交、回忆、玩耍、休闲和学习。

人们经常和家人或其他社交团体一起来博物馆，而且他们经常出于社交原因而来。尽管参观者可能会说他们来博物馆是为了学习，但社交往往是优先考虑的动机。人们选择去博物馆的主要原因是与家人共度美好的时光、约会、陪伴外地而来的客人、只是找个地方和朋友闲逛。

寻求更加私人的、个性化的体验的现象也很普遍。一些观众将博物馆视为回忆、休闲、寻找平静、疗愈和沉思的地方。在过去几十年间，许多研究试图更好地了解博物馆参观者的使用情况和参观动机。史密森学会的机构研究主任扎哈瓦·多林（Zahava Doering）认为，博物馆体验不仅仅是传播信息，"最令参观者满意的展览是那些与他们的经历产生共鸣并通过肯定和丰富他们现有世界观的方式提供新信息的展览"（Doering & Pekarik, 1997, 47）。换句话说，人们去博物馆是为了构建意义（详见第四章）。西尔弗曼（Silverman, 1995）强调，对博物馆工作人员来说，了解博物馆体验的核心是意义构建这一点很重要。她将此视为范式转变，并希望通过将意义构建的概念融入博物馆的实践和方法中，从而在人与博物馆之间促成更好的"契合"关系。她还认为，博物馆可以通过这样做来证明参观博物馆是人类的一种社会需求。

帕克（Packer, 2008）指出，博物馆的一些体验"超越了学习"（beyond learning），博物馆体验的价值和益处不仅会影响参观者的持续幸福感，而且还会以多种方式影响他们的日常生活，例如个人成长、环境掌控、人生目标、积极关系、自我接纳、因参观而感觉良好、放松、平静与安宁，以及深思熟虑。帕克的研究证实，令人满意的体验可以超越传统的学习结果。

此外，福克（Falk, 2009）的研究结果表明，人们基于与身份相关的目标和兴趣而参观博物馆并从博物馆体验中获得意义，人们去博物馆的原因一般可以通过五种身份来识别：探索者、促进者、体验寻求者、专

业人士 / 爱好者和充电者（见表 8.1）。探索者是喜欢开阔眼界的好奇之人；促进者希望他们的同伴玩得开心；体验寻求者希望在他们的待办事项清单上完成标志性事情；专业人士 / 爱好者则有特定的、有针对性的参观目标，通常与工作或爱好有关；充电者想要的是在平静的环境中休息一下，恢复活力。根据福克的研究，博物馆使用者往往会在不同的时间调用不同的身份，但博物馆也许无法时刻满足各种身份的相关需求。福克认为，博物馆的成功之道 —— 在各个层面 —— 是通过提升和支持使用者不同身份的需求而实现的。

表 8.1　五种观众身份

身　份	描　述
探索者 （Explorers）	去博物馆使他们感兴趣，并引起他们的好奇心
	没有具体的学习目标，但喜欢了解新事物
	目标是满足好奇心
	高度重视学习，但不是专家
	最有可能被一个新的展览和展出的稀有物品所吸引
	渴望扩展视野
	在观众中占比最高
	不想要有组织的参观
	因限制太多而避免使用解说工具和导览
	不想参观轰动一时的展览
	可能会阅读展签
促进者 （Facilitators）	因为别人而来
	个人需求是为他人创造良好的体验
	有价值意识和时间观念
	主要动机是确保同伴满意

身　份	描　述
体验寻求者 （Experience Seekers）	正在收集体验：核对待办事项清单
	想做所在城市或区域应该做的事情
	想要感觉像曾去过那里，而且已经做到了
	想要去看目的地、建筑或展出的标志性物品
	可能需要看到博物馆的亮点才会感到满意
	通常是游客，但也可能只是在周末做些有趣的事情的人
	有社交动机，想与朋友或家人一起玩乐
	没有强烈的主题动机
	小时候不太可能参观过博物馆
	不太可能是博物馆的常客
	除了大型的标志性博物馆外，大多数博物馆都吸引不了大量的这类观众
专业人士/爱好者 （Professional/Hobbyists）	是最小的观众类别，但非常有影响力（包括博物馆专业人士、艺术和古物收藏家、摄影师、教师、艺术家、历史学家，等等）
	往往是最挑剔的受众
	心中怀揣着目标与使命
	不太可能随团参观
	是一个小众群体
充电者 （Rechargers）	发现博物馆是一个远离一切、减压、反思、恢复活力的地方，或者只是一个沉醉神奇的展览的地方
	将博物馆视为让他们有机会避开尘世喧嚣的地方；将博物馆作为远离世界的休憩之地
	参观博物馆几乎是一种精神之旅
	倾向于避免拥挤的人群或情感波动

身　份	描　述
充电者 （Rechargers）	自我满足
	一次成功的博物馆之旅会让他们有成功逃离的感觉
	美术馆、植物园、水族馆都有很多这类观众
	不太关心藏品；他们只是风景的一部分
	很少会被特别展览或轰动事件所吸引

博物馆如何回应使用者的需求？

大多数人将博物馆视为教育机构，但这意味着什么？毫无疑问，博物馆是学习场所，但是正如前一节所讨论的，它们不仅限于此。学习只是博物馆里可能发生的诸多事情之一。下文将对目前的既有研究进行回顾，以观察博物馆如何通过了解人们在博物馆中的学习方式及其学习以外的需求范围去回应博物馆使用者的需求。

在博物馆里学习的观点

博物馆是非正式学习环境（informal learning environments），是为观众提供非正式学习机会的场所。博物馆学家使用术语非正式学习或自由选择学习（free-choice learning）去描述"每个个体从日常经验中获得态度、价值观、技能和知识，以及从家庭和邻里、工作和娱乐、市场交易、图书馆和大众媒体中获得教育影响和环境资源的终生过程"（观众研究协会，Visitor Studies Association, 2013）。在博物馆里学习不同于学校课堂等正规学习环境里的学习。非正式学习是自愿的和自我指导的，由好奇心、发现、自由探索和与同伴分享经验所驱动。从最广泛的意义上讲，在博物馆里学习是以休闲为目的的观众与展览及其周围环境自由互动的副产品。作为非正式学习环境，博物馆为传递社会、历史、美学、文化和科学信息提供了无限的潜力。

　　基于福克的研究（Falk, 2009），博物馆从业者应该意识到观众的学习方式各不相同，因此，博物馆与观众的交流应该是有目的和有意识的。为了梳理学习理论的广阔前景以及这些理论如何影响公共项目，海因（Hein, 1998）对学习理论的特征进行了概述，这些特征有助于分析博物馆中的学习（见图 8.3）。学习理论的第一个方面与人们对知识本质的认识假设有关。海因将在博物馆里能学到什么的广泛观点描述为连续统一体的两端。其中一端是知识存在于学习者之外，另一端是知识是由学习者创造的。学习理论的第二个方面涉及学习是如何发生的。其中一端是学习被认为是渐进的和被动的，另一端是学习者主动建构知识。图8.3 将这些观点并置起来，这样，人们在博物馆中的学习方式就形成了四个象限——说教—解释、刺激—反应、发现和建构主义——每个象限都描述了一种可应用于博物馆的特定的学习理论。说教—解释意味着展览和项目应该是有始有终的、连续的，并且有明确的顺序。这意味着展品标签应该告诉观众要学习什么，并按照从简单到复杂的信息层级来编写。刺激—反应意味着传达给观众的信息应该是有组织的、说明性的，并且要强化各组成部分并对反馈予以激励。基于发现的学习理论将

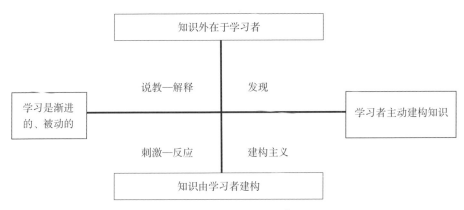

图 8.3　知识理论与学习理论［基于海因的理论（Hein, 1998）］。

学习概念化为一个积极过程，如果展览允许探索，那么展览就可能不会进行线性布展，而是会有广泛的学习模式，比如展品标签应该提出问题让观众思考。

学习者积极参与的重要性（建构主义学习理论）在今天的博物馆中越来越流行。建构主义展览没有特定的路径或明显的开始或结束，而是有很多切入点（entry points），并且应该包括广泛的学习模式和多种观点。建构主义展览让学习者通过活动和体验的方式与物品和思想联系起来。

另一个理解非正式环境中学习的重要而有用的框架是福克和迪尔金（Falk and Dierking, 2000）提出的情境学习模型（Contextual Model of Learning），该模型认为学习既是一个过程也是一个产品，并受到三个相互重叠的情境 —— 个人情境、物质情境和社会文化情境的影响（见图8.4）。在这些情境中，不同因素会影响每个情境中的学习。

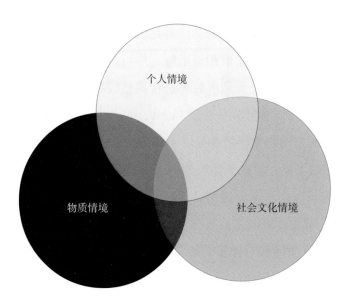

图8.4 情境学习模型。[选自福克和迪尔金（Falk and Dierking, 2000）]

个人情境是指带入学习情境的个人过往经历的总和。在个人情境中，影响学习的关键因素是动机和期望，先前的知识、兴趣和信念，以及选择和控制。社会文化情境承认人们都处于社会和文化环境中，这意味着作为社会成员，他们总是受到日常生活中围绕着的大量价值观、规范和行为的影响。社会文化情境中的关键因素是群体内的社会文化调解和由他人促成的调解。最后，学习也被认为是在物质环境中进行的。无论做什么，人们都会受到诸如照明、空间、气候和物质需求等周遭因素的影响。先行组织者、设计和强化的活动及体验是物质情境的关键因素。

该框架为博物馆专业人员提供了一种手段，以组织和理解非正式学习过程和环境的复杂性。总体而言，情境学习模型是一种有用的工具，可用于思考观众体验博物馆的方式以及他们如何使用博物馆来满足各种需求。

博物馆体验的通用设计

博物馆使用者是一个丰富而复杂的群体，他们积极寻求学习并沟通博物馆藏品、思想和内容的机会。满足所有观众广泛的学习需求，意味着博物馆工作人员必须采取积极措施，尽可能地去创造和设计可供所有人使用的产品和环境，无须事后再进行调整或特别的设计。通用设计（universal design）和通用学习设计（universal design for learning）这两个关键理念为所有博物馆使用者提供了有用的框架支持。

通用设计（UD）起源于建筑领域，旨在确保人们对空间和产品进行合理的使用。许多人认为通用设计只适用于残障人士，但事实并非如此，真正的通用设计要满足具有多种特征的潜在使用者的需求。例如，视觉材料的颜色选择和对比度可以为弱视者以及色盲或老年人提供支持。对于抓握能力有限的人 —— 可能包括怀抱诸如儿童或其他物品的人，或者丧失了良好运动功能的人 —— 来说，带有推杆而不是旋钮的门更方便打开。在开发博物馆展览和活动项目时应该考虑通用设计，因为通用设计可以通过使活动项目、政策、物品、场所和信息更适用于每个人来确保使用的公平合理。通用设计的主要原则（Center for Universal

Design, 1997）包括以下内容：

- 公平使用；
- 使用的灵活性；
- 简单直观的功能；
- 可感知的信息；
- 误差容忍度；
- 较少的体力消耗；
- 靠近和使用的尺寸和空间。

在 20 世纪 90 年代初，特殊技术应用中心（Center for Applied Special Technology, CAST）将通用设计扩展到了教育领域。通用学习设计（UDL）提供了一个课程设计的框架，使所有人都能更好地获得知识和技能，并对学习产生兴趣。这是一种哲学，它以如何设计学习机会为框架，以关于学习是如何发生的知识为基础（Hitchcock and Stahl, 2003）。通用学习设计框架提出建议，教育工作者应努力实现三种在学习中被激活的、与大脑网络相关的灵活性：

- 以多种方式和媒介来呈现信息；
- 为观众的行动和表达提供多种途径；
- 提供多种方式吸引观众的兴趣和动机。

在规划无障碍和包容性的博物馆活动项目时，有用的参照是由特殊技术应用中心（CAST）开发的《学习环境通用设计》（*Universal Design for Learning Environments*）的原则（见表 8.2）。

表 8.2　通用设计学习体验的组成部分

呈现方式的多样化	学习者获取信息和知识的方式多种多样
表达方式的多样化	学习者有替代性方式来证实他们所知道的
参与方式的多样化	学习者的兴趣被激活；他们适当地接受挑战和动员而去学习

在博物馆情境中，通用设计学习体验的组成部分是多层次、多面向的。呈现方式的多样化可能意味着需要多个示例来阐释一个主题，突出强调重要的信息，使用不同的媒介和方式去呈现内容，构建或激活背景知识。表达方式的多样化可以通过以下方式实现：以各种方式示范技能、通过支架式教学提供机会（即提供支持性资源让学习者建立自信心和能力）、给予纠正性的反馈、允许使用者用可选择的其他方式来展示学习（见图 8.5）。参与方式的多样化大致包括为观众提供信息反馈的机会，展示他们为塑造未来学习所作的努力，允许观众描绘或参与活动项目的素材和内容（见图 8.6）。

图 8.5　在俄亥俄州哥伦布艺术博物馆（Columbus Museum of Art, Ohio）的"想象可能性"（imagine the possibilities）展览中，观众正在创作自己的雕塑。　　　　　（摄影：哥伦布艺术博物馆）

图8.6　遇到一件可触摸的展品。 （摄影：作者）

我们如何知道使用者喜欢什么？

要了解博物馆使用者的需求和好恶，询问使用者本人是非常有必要的。在此，询问（asking）包括一系列调查观众使用博物馆方式的活动，从简单地观看他们如何体验展览或项目；到记录他们在陈列或展品前停留的时间；再到实施（文字或口头的）调查、焦点小组及访谈。就像藏品征集、展览开发和平衡预算一样，观众评估也是博物馆工作流程中不可或缺的一部分。了解使用者对项目各个开发阶段的看法，不仅可以帮助博物馆工作人员作出关于资源投入的重要决策，而且有助于开辟一条将想法传递给公众并得到反馈的沟通途径。

观众研究

观众研究（visitor studies）是指对非正式学习环境中人类体验的跨学科研究，具体指的是通过系统收集和分析信息来为相关展览和活动项目的决策提供信息。一般来说，观众研究可以分为针对项目或展览特定反馈的观众评估（visitor evaluation）和涉及观众体验的方方面面的受众研究（audience research），但这两类研究之间有很多重叠之处。如今，博物馆越来越多地关注观众，并投入必要的资源去评估展览在展前、展中和展后三个阶段的效果。这种对观众的持续关注有助于挖掘观众的学习潜力并增强参观博物馆的乐趣。

观众评估可以采取多种形式；没有一种标准的视角或方法。其中，评估方法包括现场或在线调查、计时和跟踪、观察、访谈和其他方法。评估的类型包括项目或展览的原型设计（即前置评估，front—end evaluation）、进行过程中的测试（即形成性评估，formative evaluation），以及完成以后找出它是如何被接受的（即总结性评估，summative evaluation）。通常情况下，评估数据的收集应当谨慎而系统。对观众的研究是在展览环境中、学校参观期间，或在个体观众与展品互动等多种场景下进行的。

受众研究（audience research）是观众研究的一部分，指的是研究观众与博物馆之间的互动，研究不同受众群体的特征、兴趣和动机。受众研究需要系统地收集有关观众或受众的信息（描述性的、心理性的和背景性的）。受众研究使博物馆更好地了解观众的需求和期望，可以提升观众的参与度，有助于向资助者说明情况，为阐释和项目规划提供信息。

所有的受众研究都应该是有意图的，据此，英国博物馆协会（2013）建议在进行受众研究之前要明确如下几个问题：

- 你想知道什么？
- 你为什么想知道这个？
- 这些信息将如何处理？
- 你打算如何了解这个？
- 你打算从谁那里了解这个？
- 你打算如何告诉他们？
- 需要多少时间、人力和金钱？
- 你想收集什么类型的数据（定量的、定性的或混合的）？
- 你会交由内部人员还是外聘公司执行？

多年来，对观众体验进行评估和研究一直被认为是博物馆工作中额外的、非必要的组成部分，是某种只有较大型的博物馆才能承担得起的事情。然而，理解观众现在已被认为是博物馆规划和运营的重要组成部分。双向交流——从博物馆到观众，从观众到博物馆——更可取。这正表明本书所使用的博物馆定义存在一个不足之处，该定义在表述中暗示着博物馆向观众提供或传播思想和概念的体验是单向的。实际上，观众也会在与博物馆相遇时有所感悟。正如第四章所讨论的那样，这种情况更像是一种互惠的交流，而不仅仅是单向的思想流动。以文献为中心的博物馆是人与物、来自四面八方的思想、观念和经验不断流动的交汇点，其中就涉及结果的反馈和实施。

第五部分

在哪里

第九章　世界各地的当代博物馆

当代世界的博物馆

虽然博物馆起源于西欧，但现在世界上几乎每个国家都能找到博物馆。正如第二章所提请我们注意的，早在博物馆出现之前，世界上许多地方就存在着收藏的传统。

虽然没有世界范围内当代博物馆的确切数量，甚至也没有每个国家的博物馆的具体数量，但《世界博物馆》（*Museums of the World*, 2012）一书的第19版列出了202个国家22个类别的55 000多个博物馆，以及132个国家的500个专业博物馆协会。不同国家的博物馆在如何收藏和收藏什么、如何进行藏品阐释、资金募集和管理结构以及在礼品店出售什么等方面存在很大差异。美国的博物馆与其他国家的博物馆之间最根本的区别之一是，后者主要由政府资助或至少有大量的政府补贴并由政府掌控；因此，大多数博物馆工作人员是政府雇员。其他国家很少有类似于美国税法规定的非营利性部门。

在国际上，联合国教育、科学及文化组织（UNESCO）、国际博物馆协会（ICOM）、国际古迹遗址理事会（ICOMOS）和国际文化财产保护与修复研究中心（ICCROM）是为博物馆服务的最大组织。这些组织在国际层面开展工作，协助博物馆制定政策和道德准则；为博物馆结构和专业培训提供可供借鉴的模式；并为登记、展览和其他博物馆运营与实践制定工作指南。此外，这四个组织都在努力促进博物馆之间的跨界合作，并收到了一定的成效。国际博物馆协会信息中心（ICOM Information Center）（位于法国巴黎）是世界上最大的博物馆信息存储库。

尽管一些非欧洲国家在 19 世纪初就建立了博物馆，但直到 1970 年《关于禁止和防止非法进出口文化财产和非法转让其所有权的方法的公约》（Convention on the Means of Prohibiting and Preventing the Illicit Import, Export and Transfer of Ownership of Cultural Property）①的通过才为当今世界博物馆种类繁多的图景定下基调，该公约通常被称为《联合国教科文组织公约》（UNESCO Convention）。根据《联合国教科文组织公约》的规定，受保护的、属于文化财产的物品如果从原属国非法出口进入到另一个缔约国，那么它们将被扣押。《联合国教科文组织公约》在减少文物非法国际贸易方面发挥了重要作用，而这反过来又通过将文化资源保留在其原属国而促进了国家博物馆的发展。不幸的是，尽管有此公约和其他国际协议，但是许多文化财产因此类物品的黑市猖獗而仍处于危险之中。除了保护文化遗产，《联合国教科文组织公约》还制定了影响了许多国家博物馆发展的标准。这些标准包括将考古材料定义为至少有 250 年历史的具有文化意义的物品；将具有民族志意义的物品定义为部落或非工业社会的产物，它们因鲜明的特征、稀有性或者与民族历史的相关性而对该民族的文化遗产至关重要。确立这些定义和标准有助于世界各地的博物馆更坦然地相互交流，也有助于减少文化遗产的非法贸易。从广义上讲，《联合国教科文组织公约》帮助确立了博物馆作为社区遗产、国家遗产、文物和传统等珍贵之物值得信赖的保护者和保存者的观念，同时也强化了博物馆妥善管理和展示其藏品的义务。

---

① 译者注：在 UNESCO 官网上，此公约被简称为《1970 年公约》（1970 Convention）。

全球化的影响

全球多元化

一些博物馆在国际上享有盛誉，其知名度如此之高以至于人们即使从未参观过也会知道它们的名字，比如伦敦的大英博物馆、巴黎的卢浮宫、马德里的普拉多博物馆、圣彼得堡艾尔米塔什博物馆和开罗的埃及博物馆（Cairo's Egyptian Museum）。这些品质优良的博物馆全部反映了传统的西欧博物馆理念。相较之下，那些主要服务于当地和社区观众但鲜为人知或几乎不为人知的博物馆，往往在其收藏内容和阐释藏品方式上表现出特定的国家或文化的影响力。例如，斯特鲁维彼得博物馆（Struwwelpeter Museum），泰国民歌博物馆（Thai Folk Songs Museum），或国家警察历史博物馆（Museo Histórico de la Policia Nacional）。位于德国法兰克福的斯特鲁维彼得博物馆专门收藏海因里希·霍夫曼（Heinrich Hoffman）在 19 世纪末创作的一系列儿童读物。尽管大多数美国读者认为斯特鲁维彼得的故事不适合儿童，但它们在德国却深受喜爱。曼谷的泰国民歌博物馆展示了泰国重要的民间音乐家的个人物品，并保存了大量印刷和录制的民歌档案。国家警察历史博物馆位于哥伦比亚首都波哥大；在其展品中，有一辆曾经属于大毒枭巴勃罗·埃斯科瓦尔（Pablo Escobar）的摩托车，以及埃斯科瓦尔在麦德林（Medellin）被杀时屋顶上的一块血迹斑斑的瓦片。在这些实例中，博物馆的藏品都侧重于其所属国家独特的文化素材。过去，除了当地人或部分游客之外，大多数这样的小型博物馆在很大程度上是鲜为人知的，但全球化改变了这种局面；现在，任何一家可以网络浏览的博物馆都可以拥有全球影响力。

全球性覆盖

从 20 世纪 80 年代开始，日益增长的全球化减少了许多地理区域的孤立，加强了信息跨国界的传播。随着互联网国际覆盖力的不断增长，

革命万岁

　　几年前在萨尔瓦多，我有机会看到了我所见过的最糟糕的博物馆，同时也是最好的博物馆之一。当时我在与洪都拉斯（Honduras）接壤的莫拉桑省（Morazán province）工作，帮助培训前游击队员成为生态旅游向导。在一个漫长而炎热的下午，一位学员建议我们步行到佩尔金（Perquín）去看一看革命博物馆（Museo de la Revolución）。佩尔金是山区中的一个小镇，在1980年至1992年持续的萨尔瓦多内战期间，这里曾是法拉邦多·马蒂民族解放阵线（Frente Farabundo Martí de Liberación Nacional, FMLN）的总部。博物馆设在一所旧校舍内。这不是一个很好的博物馆：展览粗糙、展品标签不足、文物的保护简直是一场灾难。然而，这是我见过的最好的博物馆之一，因为它以社区人民自己的方式讲述了佩尔金的故事，社区人民对自己收集的物品进行自我阐释。展览始于佩尔金的史前史，但侧重于内战。这些人工制品包括一堆锈迹斑斑的枪支、被击落的美国制造飞机和直升机的零部件，以及被炸毁的"我们必胜电台"（radio venceremos）的广播演播室。博物馆展示的故事栩栩如生，佩尔金的人民为他们的博物馆讲述了他们自己的故事而感到自豪。当然，与任何好的博物馆一样，革命博物馆既有礼品店也有网站。（JES）

世界上更多的地区可以获得更多的知识，这对博物馆和其他文化机构的发展产生了深远影响。这种转变也有助于博物馆在全球范围内吸引新的观众并提高专业化程度。曾经被孤立在难以到达的偏远地区的博物馆，现在可以通过藏品的数字化、虚拟展览和电子出版物服务国际受众并使之受益。有了互联网，小型博物馆和专题博物馆可以与更多的受众分享它们的内容和收藏。这使得世界各地的博物馆和博物馆学方法更加多样化。许多非西方博物馆的工作人员不再照搬传统西方博物馆的做法，而是在国际博物馆协会发布的标准基础之上，让博物馆功能更适应他们自己的文化和环境。国际博物馆协会通过在线提供有关博物馆学（理论）和博物馆志（实践）的信息，实现更多思想和实践知识的跨文化分享，从而扩大了国际博物馆协会作为国际博物馆组织的影响力。国际博物馆协会定期以英语、法语、西班牙语，有时用其他语言，出版博物馆手册和其他博物馆出版物，并通过其网站免费提供给社会公众。此外，由于出版物可在互联网上获得，诸如墨西哥的博物馆领导力研究所（Instituto Liderazgoen Museos, ILM）和南非博物馆协会（South African Museums Association, SAMA）等许多较小的机构也能将其影响力辐射到它们宣称服务的地理界限以外的区域。最终的结果是，不同的地理区域发展出自己独特的博物馆学进程和方向（Dickey et al., 2013）。

尽管全球化带来了诸多好处，但几乎所有博物馆间的国际合作项目资金都集中在展览交流方面，或者更常见的是，将其他地区的文化遗产带到西欧、美国和加拿大展出。除了盖蒂保护研究院（Getty Conservation Institute）提供的一些令人钦佩的项目资助外，几乎没有可用于收藏、藏品保管和管理以及文物保护方面的国际合作项目的资金。

文化遗产保护

在联合国教科文组织和其他组织的行动之下，人们日益意识到需要保护文化遗产免遭盗窃和破坏，这已成为在世界各地建立国家博物馆的一个主要因素。

在某些情况下，博物馆为文化和部落群体提供了掌控其文化阐释和展示的手段，例如新西兰奥克兰博物馆（Auckland Museum in New Zealand）及其与土著毛利人（Maori）社区的关系。在包括美国在内的世界许多地方，承认藏品的文化重要性的本土保护实践（indigenous curation practices）日渐兴盛，这些实践与当代藏品保管标准交织在一起。例如，在美国的某些博物馆，美洲原住民代表用鼠尾草烟雾对文物进行仪式性清洗，并将其作为精神层面上保管神圣物品的一部分，男性和女性物品在存放和展览时可能会分开，而且会严格限制对某些物品的取用。在泰国，藏品中佛像的存放和展示都需要放置在视线水平或以上位置，以表示对佛教信仰的尊重。

国家身份

一些国际知名的博物馆是新兴民族主义运动的产物，有助于定义国家身份（national identity），例如尼日利亚的国家博物馆系统在界定革命后尼日利亚文化方面发挥了重要作用。位于墨西哥城的人类学博物馆（Museum of Anthropology）将墨西哥的史前史与独立战争（1810—1821）交织在一起，为墨西哥人提供了一种有关墨西哥人身份的全新阐释。一些最初由西欧人建立的殖民博物馆已被重新定位，讲述更加折中的历史观，并帮助定义独立后的国家身份。在后种族隔离时期的南非，许多博物馆在20世纪90年代末开始改变，以呈现出对本土文化和南非历史的新阐释（Witz, 2006）。此外，一些新的博物馆也建立起来，包括位于曼德拉出生地库努（Qunu）的纳尔逊·曼德拉国家博物馆（Nelson Mandela National Museum）；开普敦的罗本岛博物馆（Robben Island Museum in Cape Town），这里对曾经关押过几位重要反种族隔离领导人的监狱进行了阐释；约翰内斯堡种族隔离博物馆（Apartheid Museum in Johannesburg）；位于卢旺德尔的卢旺德尔移民劳工博物馆（Lwandle Migrant Labour Museum in Lwandle），作为一个社区历史博物馆，该博物馆专门展示种族隔离时期在水果和罐头行业工作的移民劳动力。加纳海岸角堡博物馆（Cape Coast Castle Museum in Ghana）与国际伙伴合作，开发制作了一个关于奴隶制的展览——"人民的十字路口，贸易的十字路口"

（Cross roads of People, Crossroads of Trade），该展览于 1994 年开幕。在经历了如何讲述这个故事的诸多争议后，展览最终展示了加纳 500 年的历史和奴隶贸易（Kreamer, 2006）。

许多亚洲博物馆的演变显示出不同于其他非西方地区的发展模式。尽管欧洲传教士在 19 世纪末就将欧洲的博物馆理念引入中国，但直到 1905 年，第一个真正意义上的中国本土的博物馆 —— 南通博物苑 —— 才得以建立。20 世纪上半叶，中国博物馆主要体现了西欧的博物馆学价值观，但从 20 世纪 50 年代开始，中国博物馆深受苏联博物馆学的影响。到 20 世纪 80 年代，中国博物馆学致力于发展反映中国文化和民族价值的博物馆，建立了包括生态博物馆在内的许多博物馆。从 20 世纪 80 年代初到 90 年代末，中国博物馆的数量翻了一番，从大约 1 000 家增至近 2 000 家。今天，中国估计有 3 589 座博物馆[①]，除了 535 座非国有博物馆外，其余全部为政府所有。相比之下，越南的大多数博物馆和历史遗迹都体现了较古老的传统西方博物馆模式，同时讲述了一个在逆境中坚持不懈追求国家统一的故事，主要面向外国游客而非本国公民。柬埔寨国家博物馆（National Museum of Cambodia）于 1917 年在法国殖民管理下成立，原名为阿尔贝·萨罗博物馆（Albert Sarraut Museum），最初是一个主要展示西方名画复制品的博物馆。从 20 世纪 20 年代到 1953 年柬埔寨独立，柬埔寨的博物馆随着游客的蜂拥而至而蓬勃发展起来。现在，博物馆的藏品包括民族艺术、历史文物和史前人工制品（Muan, 2006）。

泰国的博物馆有传统的、西方式的国家博物馆和科学博物馆，也有露天的历史和考古公园。例如，泰国为游客提供了一份出版物，其中列出了曼谷及其周边 100 家博物馆，从重要的国家博物馆和历史遗址到专门收藏缝纫机、自行车、暹罗猫和古董钟表的博物馆（Pulsap, 2004）。

---

① 译者注：2021 年中国备案博物馆总数达 6 183 家。参见《2022 年 5·18 国际博物馆日中国主会场活动在湖北武汉开幕》,（ncha.gov.cn）。

在大多数拉丁美洲国家，博物馆建立于独立前的殖民时期；独立后，这些博物馆往往成为新的国家博物馆，与其他新博物馆和作为有形遗产而被保存的历史遗址一起在确立国家身份和定义本民族文化方面发挥作用。然而，在近一百年的时间里，大多数拉丁美洲的博物馆仍然遵循旧的殖民模式，将历史呈现为伟大领袖的一系列英雄行为。由多米尼加政府于1972年建立的多米尼加共和国/多米尼加人博物馆（Museo del Hombre Dominicano/Museum of Dominican Man）是根据美国当代博物馆的组织和建筑而设计的。几十年来，博物馆的展览几乎完全集中在被征服前的伊斯帕尼奥拉岛（the Island of Hispaniola）的泰诺（Taino）文化上。在21世纪第一个十年中期，博物馆工作人员才开始将该岛上的非洲文化的影响融入博物馆展览中，使博物馆首次反映了多米尼加共和国大多数人的文化。

从20世纪80年代开始，拉丁美洲的博物馆学变得更具包容性，超越了由占主导地位的精英阶层所建立的社会价值观，从多角度，特别是从原住民和劳动阶级的角度，重新阐释过去和现在的历史与文化。今天，拉丁美洲的许多博物馆成为社会变革的推动者，强调博物馆在社区中发挥的教育和信息传播作用，并努力吸引多样化的受众（例如，根据市政府的命令，哥伦比亚首都波哥大的大多数博物馆每月免费开放一个星期日）。在仍然广泛使用拉丁美洲土著语言的地区，一些博物馆在西班牙语或葡萄牙语以外，还设有相应的土著语言标识或语音讲解。如下文所述，拉丁美洲国家也对生态博物馆和儿童博物馆表现出浓厚的兴趣。

非洲和中东的博物馆相对较新，许多博物馆拥有世界级珍藏，例如开罗埃及古物博物馆（Museum of Egyptian Antiquities in Cairo）中的珍藏。摩洛哥第一家博物馆是1915年法国殖民统治时期开放的位于非斯的达尔巴塔博物馆（Dar Batha Museum in Fez）。尽管该国现在已有30多家博物馆，但75%的摩洛哥人从未去过博物馆，这主要是因为大多数博物馆仍然反映了殖民时期的博物馆学理念，例如从旧有的殖民势力角度阐释国家历史或呈现族群，仿佛他们被冻结在过去的历史。最近，摩洛哥的本·米西克社区博物馆（Ben M'sik Community Museum）通过阐释当地社区的历史和文化而开辟了一片新天地。在阿拉伯地区的国家中，最老的博物馆是卡塔尔国家博物馆（Qatar National Museum），但其历史只能追溯到 1975 年；最近，该地区博物馆的增长反映出一种趋势，即人们逐渐意识到文化遗产在确立国家身份方面发挥着重要作用。目前，以色列有近 200 家博物馆；在 1984 年，以色列颁布了国家博物馆条例，确立了博物馆运营和博物馆人员培训的标准。中东地区最新的博物馆之一是位于迪拜的阿拉伯联合酋长国的妇女博物馆（Women's Museum of the United Arab Emirates in Dubai），这也是该地区第一家关注妇女艺术和妇女权利的博物馆。

生态博物馆：一种新兴的全球趋势？

最新的国际博物馆类型是出现于 20 世纪 60 年代和 70 年代的生态博物馆（详见第五章）。生态博物馆难以界定，但可以将其产生视为是对自然史博物馆的回应，因为自然史博物馆把大自然封闭在了展柜和建筑中。在生态博物馆中，外部环境是博物馆收藏的一部分。生态博物馆的理念起源于 19 世纪德国的祖国博物馆（Heimatmuseums/ Homeland Museums）、瑞典的斯堪森户外博物馆（Skänsen/Open Air Museums）和英国的民俗博物馆（The Folk Museums of Britain）。生态博物馆（ecomuseum）是由两位法国博物馆学家雨果·戴瓦兰（Hugues de Varine）和乔治·亨利·里维埃（Georges Henri Rivière）创造出来的，从词源上来说，这个术语源自希腊语 oikos，意思是房子、住户或家庭。

生态博物馆背后的基本理念是原地保护作为一种文化景观的遗产，

因此博物馆存在于一个不断演变的过程中。自称为生态博物馆的博物馆机构不仅包括由居民及村庄本身构成的村落博物馆，而且还包括对过去文化和生活群体的再创造。例如，由苏格兰斯凯岛（Isle of Skye）上的13个不同地点组成的库曼南—斯塔芬生态博物馆（Ceumannan—Staffin Ecomuseum）宣称自己是一座没有围墙的博物馆，讲述的是岛上的居民和环境的故事。1986年在瑞典路德维卡（Ludvika）成立的贝里斯拉根生态博物馆（Ecomuseum Bergslagen）阐释了瑞典中部的一个地区，其范围涵盖中世纪小镇努尔贝里（Norberg）、矿山、田园、钢铁厂和运河。位于法国昂格斯海姆的阿尔萨斯生态博物馆（Alsace Ecomuseum in Ung-ersheim, France）由被重新安置到该地点的73座阿尔萨斯乡村建筑组成。位于中国贵州省黎平县肇兴镇的堂安侗族生态博物馆包括170户、800多名居民。该博物馆是中国与挪威政府合作创立的，并自称是一个以人为本的活态博物馆。居住在生态博物馆的侗族人仍过着农耕和纺织的传统生活。

近些年，亚洲的柬埔寨、中国、日本、泰国和越南，以及欧洲的斯堪的纳维亚半岛、捷克共和国、波兰、葡萄牙和土耳其等地都出现了生态博物馆数量增长的态势。1992年，第一届生态博物馆会议在巴西里约热内卢举行；2012年，第一届生态博物馆和社区博物馆国际会议在葡萄牙举行。

结语

世界各地的许多博物馆看起来与美国的博物馆完全不同。随着传统欧洲博物馆模式的演变以及为适应不同文化需求而不断进行调整，世界博物馆变得形式多样。因此，世界上有各种各样令人惊叹的博物馆机构，许多博物馆模糊了传统类型的界限。其中一个很好的例子就是厄瓜多尔的瓜亚基尔历史公园（Parque Histórico de Guayaquil）。该博物馆占地 20 英亩，位于里奥·杜阿勒（Río Duale）河畔，与拥有 200 万居民的厄瓜多尔的最大城市瓜亚基尔隔河相望。该省在 1896 年瓜亚基尔的一场大火之后发生了重大变化，基于此，该公园阐释了 19 世纪末和 20 世纪初瓜亚基尔省的情况。这座历史悠久的公园由厄瓜多尔中央银行（Central Bank of Ecuador）于 1997 年建立；2012 年公园建成后，被移交给了省政府的一个机构 —— 自然公园和公共空间公共机构（La Empresa Pública de Parques Naturales y Espacios Públicos/Public Agency for Natural Parks and Public Spaces）。乍看起来，公园的一部分很像一个植物园和一个动物园。植物园专门种植当地植物，并向观众出售这些植物，以鼓励保护该地区的自然植物群。动物园被称为"野生动物区"（Zona de Vida Silvestre/ Wildlife Zone），既有该地区具有重要文化意义的动物，也有几种濒危物种，比如濒临灭绝的美洲鳄鱼，曾是该地区重要蛋白质来源的白尾鹿。这些动物被安置在自然栖息地而非传统的动物园笼子里。这里还包括两片重建的大面积的红树林，因为红树林栖息地曾经是厄瓜多尔沿海至关重要的生态系统，但大部分因建造养虾场而遭到破坏。传统区域（The Zona Tradiciones/Zone of Traditions）（见图 9.1）阐释了蒙图维奥（Montuvio）（是指西班牙、美洲原住民和非裔后代的混血，一直以来，他们在厄瓜多尔沿海地区以农业、打猎和捕猎为生）的乡村文化。传统区域包括一个种植园：里面有一座古老的庄园，种植着传统的粮食作物，饲养着农场动物，还有一座茅草屋顶的农舍。身着旧时服装的人员扮演着种植园的传统居民。为了创建城市建筑区（Zona Urbano Arquitectonica/Urban Architectural Zone），曾经矗立在瓜亚基尔街道上的几座历史悠久的木制建筑被迁移到此公园，以此来展示瓜亚基尔 1900 年时的样子。这些建筑成为当地工匠和手艺人的商店，他们在那里展示那个时代的手工艺，出售制作的物品。综上所述，要想给瓜亚基尔历史公园归类是很难的。它是动物园、植物园、像殖民地威廉斯堡那样的露

图 9.1　在厄瓜多尔的瓜亚基尔历史公园传统区域重建的乡村住宅。　　　　　（摄影：作者）

天历史博物馆，还是生态博物馆？它是所有这些博物馆，但同时又不是
其中的任何一种；作为一个为社区服务而建立的博物馆机构，瓜亚基
尔历史公园在形式上与传统的欧洲博物馆相去甚远，但在功能上却非常
相似。

第六部分

为什么

第十章　博物馆的未来

为什么是博物馆？

到目前为止，本书提出了一个动态的观点，即博物馆是不断变化的、适应性强的机构；探讨了博物馆是关于人与物以及两者在其中彼此碰撞的系统的观点；展示了以文献为中心的博物馆是如何将人与物结合起来，以确保观众与它们相遇时能够实现意义建构和自我理解。当代博物馆是由人与物之间不断变化的互动而形成的新兴机构（J. Bell, 2012）。但更深层次的问题仍然存在：博物馆为什么要存在？社会为什么需要博物馆？它们的未来又将怎样？

在对英国牛津皮特河博物馆（Pitt Rivers Museum in Oxford）进行民族志研究时，戈斯登、拉尔森和佩奇（Gosden, Larson and Petch, 2007）将博物馆视为关系实体，在博物馆里，人在收集物的同时"人也被物收集"（objects collect people），这一观点揭示出博物馆化的物始于一系列在博物馆情境中所发生的新的互动。博物馆是一个建立并永久维护不可替代的、有意义的物质资源——文献，同时也将那些只因收藏而轨迹相交的人聚集在一起的系统。观众、研究人员、工作人员、收藏家以及与物品进入博物馆前后相关的其他人协力使博物馆成为关系实体。

如今，博物馆被认为是社会中充满活力和不断演变发展的机构。同时，博物馆是具有自我意识的。这意味着博物馆专业人士正在关注周围发生的事情，他们非常清楚，为了博物馆的生存，他们不仅必须了解博物馆的使用者，也必须了解不使用博物馆的人。打破内部博物馆与外部博物馆以及内部系统（博物馆本身）与外部系统（外部世界）之间的壁垒变得日益重要和普遍。

在这种情况下，博物馆工作人员日渐意识到博物馆对社会的影响。博物馆所做的 —— 特别是通过项目和展览 —— 表明了自身的态度和立场，有时会引起争议，有时则不会。博物馆工作人员选择的理念、陈述和物品，以及展示物品的方式，都是一个精心挑选的过程，也总是会有所遗漏，因为没有办法囊括所有。这意味着博物馆工作人员在执行每项工作任务时都要采取认识论的立场。即使是不那么对外公开进行的藏品挑选（藏品登记和管理）也涉及对后代来说什么重要、什么不重要的选择。胡珀-格林希尔（Hooper-Greenhill）认为，"博物馆有机会突破现有的边界，改变当前的关系，控制并打破旧的正统观念，为更包容的社会提供更广泛、更包容的方法"（2000, 573），这正在成为博物馆工作的重要组成部分。

本章将讨论博物馆的未来和目的。因此，了解博物馆如今的定位很重要，但更重要的是，在博物馆工作的人（以及希望在博物馆工作的人）要密切关注有可能塑造博物馆未来的那些未来趋势和变化。

博物馆的未来是怎样的？

健康发展的博物馆似乎永远不会停滞不前，而是始终处于改变和重新定义自己的过程中。随着快节奏的社会变化和创新以及对当前和发展中技术的严重依赖，博物馆工作人员必须努力跟上变化，并在这个庞大、复杂和快速发展的世界中成为创新者。在这里，我们将探讨以下四个方面，所有这些对于今天的博物馆来说都很重要，并将影响博物馆在社会中的未来：

- 虚拟与现实；
- 可持续性与经费；
- 人口结构变化与博物馆受众；
- 全球化与本地化。

这些并不是未来博物馆关注的仅有议题，但它们触及了一个基本问题的核心：博物馆还会继续保持相关性吗？

虚拟与现实

前面的章节对围绕实物和无处不在的数字世界的一系列议题进行了讨论。最近的趋势正在深刻地改变一整代人的知识结构，因为孩子们沉浸在一个虚拟事物的世界中，而不再是其父母或祖辈生活的那个世界。

正如达夫和彻丽（Duff and Cherry, 2000）关于图书馆历史资料使用者的研究中所述，虚拟性议题的一个方面集中体现在实体藏品的可及性与信息访问的便捷性之间的紧张关系，这一点在第一章中讨论过，但在此还需要再次重申。最近的另一项研究调查了博物馆观众是如何体验博物馆实物的，为此，该研究访谈了 21 名年龄在 20 岁到 80 岁之间的博物馆观众，涉及包括历史博物馆、艺术博物馆、自然史博物馆、活态历史博物馆和科学中心等一系列博物馆类型（Latham, nd）。当观众被问及博物馆中"真实的东西"对他们意味着什么，大多数受访者回答说，实体的、原始的物品具有复制品、数字化以及其他媒介所没有的某种特别之处。当面对来自另一个时空维度的真实物品时，你会有一种难以言喻的、独特的感觉。2010 年，触角顾问公司对博物馆观众进行了调查和研究，其结果证明了上述认识。当被问及有意义的博物馆体验（可以界定为成年人如何在情感和智力上参与博物馆内容）时，受访者给出的答案集中在与内容的关联、学到的信息和动手体验等主题上。然而，提及最多的主题当数原始物品（original objects）。受访者提及原始物品的概率两倍于学到的信息、四倍于动手体验。

一些评论人士认为，虚拟博物馆的兴起威胁着实体博物馆的未来；然而，这种推测忽略了物品在博物馆和人们整体生活中所发挥的重要作用。事实证明，虚拟展览和数字藏品是加强实体博物馆建设的绝佳资源，也是服务于更广泛观众的一种手段（见图10.1）。然而，即使数字化提供了藏品和档案可及性，但研究表明，博物馆在网络上的存在最终会吸引更多的观众来到实体博物馆（Marty, 2007），虚拟博物馆不会成为实体博物馆的替代品。人们仍然喜欢看到"真实的东西"——实物。重要的一点是，我们要退后一步、开阔视野，并时刻牢记人类已经习惯于使用实物引领他们的世界（MacGregor, 2010; Hodder, 2012）；但不能想当然地认为人类仍然存在于一个被物包围的世界。

图10.1　在克利夫兰艺术博物馆一号展厅，一位观众在滚动数字黏土。　　　（摄影：作者）

可持续发展的博物馆与资金

如果博物馆要继续作为物质收藏的存放处和意义构建的场所而存在，那么就必须解决某些严重的财政议题。许多人认为非营利就意味着博物馆是由政府资金支持的，但美国的博物馆从政府获得的资金不到四分之一（F. Bell, 2012）。自 1989 年以来，来自政府的博物馆财政支持占比从 39.2% 下降到 24.4%。此外，收入（包括门票、场地租金以及商店和餐馆的收入）占 27.6%，捐赠占 36.5%，捐赠基金的投资收益占 11.5%。正如第三章所讨论的，非营利机构的收入是没有限制的；而非营利机构的不同之处在于如何使用资金。在此，非营利性意味着，大多数博物馆是作为公共信托的一部分而存在的，在这种情况下，博物馆通过收藏、保存、教育和阐释物品等使命而对其服务的人群负有法律和伦理责任。换句话说，美国的大多数博物馆并非完全是由政府资金支持的，而是在法律和义务的约束之下去保管和保护它们所持有藏品，并向公众进行阐释。

保管、阐释、开放藏品需要大量的资金和劳力，如果博物馆想要成为一个充满活力的机构，那么需要投入的会更多。博物馆的传统筹资模式 —— 包括门票、会员费、捐赠和一些政府资金 —— 已被证明是不够的，并已导致了一些博物馆的不幸衰落甚至关闭。未来的博物馆工作人员必须更好地了解观众，寻找新的方式来筹集运营所需资金，并使业务运作方式合理化。例如，大多数博物馆在工作日的上午 9 点到下午 5 点之间对公众开放，尽管在现实世界大多数美国人生活在双职工家庭，因此不能在这段时间内参观博物馆。博物馆应该考虑在正常工作时间以外和周末开放，这个时候有很多人在户外度过闲暇时间。

尽管许多博物馆已经开发了营销策略 —— 比如，在礼品店和网上出售主题物品，或者为特殊活动对外出租展厅和其他空间，但未来的博物馆在筹资方面需要更有创意。由于预算的制约，全职员工的数量逐渐减少，博物馆的藏品规模与员工规模的比例越来越不均衡。未来，必须研究出更好的方法让更少的人员管理更多的收藏，正如西蒙斯（Simmons, 2013）所建议的那样，使用更好的藏品管理数据库，将预防性保护方法应用于藏品保管。

第一章介绍了当前正在图书馆、档案馆和博物馆（LAM）之间发展的融合运动。许多未来学家预测，这些记忆机构的融合将在未来得到进一步的提升，从而帮助博物馆变得更加具有可持续性。LAM 融合的核心目标是创建一个系统，并且在某些情况下，在一个实体空间中，该系统允许在统一的数字系统中访问所有的馆藏信息，这种合作精神的驱动力是希望为这些机构的使用者创造更加全面而综合的体验。融合还可能会带来一个比目前图书馆、档案馆、博物馆作为独立机构的现状更加具有综合性的全新的信息环境。物理融合对许多机构来说可能困难重重，但数字融合更有可能发生，从而增加对藏品的访问机会。最简单的融合形式是提供使用权，即不仅能够获得资源，而且具有可持续检索的能力。

特兰特（Trant）指出，"融合的概念源于这样一个事实，即图书馆、档案馆和博物馆是在共同的社会、组织、政治、经济和法律环境下运作的"（2009，378）。因此，有理由认为，LAM 的融合将允许各机构利用其共性为使用者提供更好的服务和更便捷的访问。通过消除独立机构的冗余，融合将提高成本效益和运营效率。通过确定每个机构的使用者需求并整合每个机构服务的最佳部分，一个完全融合的 LAM 机构就可以更有效地运作并解决整个 LAM 范畴内的使用者需求。这是否会是博物馆未来发展的方向，仍在争论之中。

人口结构变化与博物馆受众

已经开始的人口结构变化将影响未来的博物馆。2010 年，美国博物馆联盟的博物馆未来中心（Center for the Future of Museums）发布了一份关于美国人口结构变化以及这些变化将如何影响博物馆观众及其参观博物馆方式的报告（Farrell and Medvedeva, 2010）。报告指出，美国正处于人口结构的重大变化之中。今天，少数族裔（定义为非裔美国人、亚洲人或太平洋岛民、美洲印第安人、阿拉斯加原住民、西班牙裔或拉丁裔）占美国人口的34%。25年后，美国人口将有46%为少数族裔，并且不久之后，少数族裔将成为多数。目前，博物馆在吸引少数族裔观众方面显然做得不够——只有9%的核心观众为少数族裔，因此，博物馆在今后必须做更多的工作来改善这一局面。如果未来的博物馆要继续作为成功的机构而存在，那么博物馆观众与博物馆全体从业人员应该代表全部族群。除了不断增长的少数族裔外，该报告还提到了移民群体与他们的子女不一样的事实，这意味着移民父母所生的几代人对博物馆的期望与之前一代非常不同。除了这些变化之外，博物馆还必须意识到，现在八分之一的美国人年龄在65岁或以上，但25年后，65岁以上的美国人将达到五分之一。这意味着在25年内，美国总人口中老年人将比现在更多，这是博物馆需要给予更多关注和服务的另一个受众群体。

全球化与本土化

在日益全球化的背景下，博物馆必须找到更好地服务当地社区的方法。使用互联网和其他通信技术意味着任何博物馆，无论多么小或多么偏远，都可以成为世界舞台上的一员；但与此同时，博物馆理解并服务于支持它们的当地社区也变得更加重要。正如第九章所讨论的，博物馆在世界的不同地方以不同的方式演变，但它们仍然是博物馆，仍然是物与人相遇的地方。

结语

与其他非营利机构一样，博物馆必须在传统实践与社会变迁之间取得平衡。正如本书通篇所讨论的，博物馆目前面临的问题包括资金减少而开支增加、馆藏增长而馆藏保管资源减少、数字化及其对藏品和信息可及性的影响、日益复杂的政策和监管问题、需要变得更具有社会责任感、找到更好的方法将物与前来参观的人联系起来（或者可以说是观众的兴趣与研究馆员对过去的兴趣），以及社区的全球化。此外，博物馆必须应对所有非营利机构所共同面临的压力，以实现更充分的经济独立。未来将对开放而透明的博物馆运营带来更大的期望。快速发展的技术意味着博物馆必须在技术和人员培训两方面都加大投资。博物馆还面临着参观人数的波动以及志愿者数量和角色的变化（美国博物馆联盟估计，目前在博物馆工作的志愿者是有偿工作人员的三倍，但志愿者人数正在下降）。也许最重要的是，博物馆必须设法吸引最优秀、最聪明的年轻专业人士，并为他们提供一个可以为其劳动给予足够报酬和职业发展机会的工作环境。

博物馆的未来可以归结为：价值。博物馆将受到社会的重视吗？一个社区、城市、州或国家的公民是否会认为博物馆如此重要，如果它们消失了，其文化中至关重要的东西就丢失了吗？在这个日益昂贵的消费世界里，资金有限的博物馆如何既能继续蓬勃发展，同时又能继续妥善保管和有效传播世界重要遗产？博物馆必须找到更好、更经济、更有效的方法去宣传其所做的事情，以便让公众认识到它们的社会价值。博物馆要想保持相关性，让博物馆专业人士筹集资金并保持公众对博物馆的兴趣，唯一的办法就是让博物馆价值融入社会的每个环节。要做到这一点，博物馆工作人员必须坚持不懈地进行教育推广。博物馆工作人员需要持续不断地传播他们所做工作的独特性，以及保存藏品中所蕴含的知识的重要性。这意味着要在当地社区发声，利用外延服务来阐释博物馆的工作，并在孩子很小的时候就向他们介绍博物馆的工作方式以及藏品知识和非正式学习的重要性。这意味着所有博物馆工作人员，不仅仅是馆长或公共关系人员，必须不断努力传播博物馆的好处。对价值的"认知"将有助于博物馆在未来的持续发展。

相关性议题应该是博物馆日常运营的重中之重。理解博物馆使用者如何评价博物馆，源于对博物馆定义、博物馆在社会中的目的以及博物馆如何适应复杂的经费体系的广泛理解。这些问题听起来可能很宏大而且遥不可及，但是它们却产生于每个博物馆工作人员的日常工作和决策之中。

博物馆的每一位员工，包括志愿者，都在人们对博物馆的博物馆认知中发挥着作用，每位观众的博物馆体验也有助于增进人们对博物馆的认知。伊莱恩·古里安（Elaine Gurian, 2007）简洁地表达了这一观点，她说博物馆应该努力成为不可或缺的，而不仅仅是有用的。使用者应该自由地探索他们的兴趣所在，而不再被那些"控制者"（博物馆工作人员）组织的展示所驱动。古里安认为，博物馆应该从公众偶尔参观的场所转变为普通公民日常生活中定期的、日常的、不可或缺的部分。

未来的博物馆，通过关注了解人与物在博物馆系统内外的交汇方式，将继续朝着积极的方向演变；对使用者而言，博物馆将从有用的机构转变成为不可或缺的机构。

译名表

A

Abbasid caliphs	阿拔斯王朝哈里发
Abraham Lincoln	亚伯拉罕·林肯
academic discipline	学术学科，学科
access on line	在线访问
access physical（physical access）	实体访问
access to collections	对藏品的访问
access to information	获取信息
access to objects	对物的访问
access versus meaning	可及性与意义
accession	入藏登记
accreditation	认证
accumulating objects	物的积累
acquisition	征集
Adam Gopnik	亚当·戈普尼克
Adler Planetarium in Chicago	阿德勒天文馆，芝加哥
administration	行政管理

agents of deterioration	劣化因素
agricultural museum	农业博物馆
Albert Sarraut Museum	阿尔贝·萨罗博物馆
Alexander, Edward	爱德华·亚历山大
Alexander, Mary	玛丽·亚历山大
Alexandria	亚历山大城（埃及）
Alsace Ecomuseum in Ungersheim, France	阿尔萨斯生态博物馆，法国昂格斯海姆
Alte Pinakothek in Munich	老美术馆，慕尼黑
Altes Museum in Berlin	老博物馆，柏林
Amarna	阿马尔奈（埃及）
American Alliance of Museums（AAM）	美国博物馆联盟
American Association for State and Local History（AASLH）	美国州与地方历史协会
American Association of Museums	美国博物馆协会
American Association of Wood Turners	美国木工协会
American Historical Association	美国历史协会
American International Rattlesnake Museum in Albuquerque, New Mexico	美国国际响尾蛇博物馆
American Museum of Natural History in New York	美国自然历史博物馆，纽约
Amish immigrant	阿米什移民
Andes	安第斯山脉
annual budget	年度预算
anthropology museum	人类学博物馆
Antiques Roadshow	《古董路演》（电视节目）
antiquitas	古物
Antwerp	安特卫普
Apartheid Museum in Johannesburg	种族隔离博物馆，约翰内斯堡

Appelbaum, Barbara	芭芭拉·阿佩尔鲍姆
Application of Preventive Conservation to Solve the Coming Crisis in Collections Management	《预防性保护在解决藏品管理潜在危机中的应用》
aquarium	水族馆
arboretum	树木园
archive	档案馆，档案材料
Archives and Experience: Musings on Meaning	《档案与体验：关于意义的沉思》
archivist	档案员
Arrernte	阿伦特人（澳大利亚）
Art Institute of Chicago	芝加哥艺术博物馆
art museum	艺术博物馆
Arthur Hazelius	亚瑟·哈塞柳斯
artificialia	人工的
artist	艺术家，艺术设计师
Ashmolean Museum	阿什莫林博物馆
Asiatic Society of Bengal	孟加拉亚洲学会
associations	协会
Atahualpa	阿塔瓦尔帕
attorney	律师
Auckland Museum in New Zealand	奥克兰博物馆，新西兰
audience evaluator	受众评估员
audience research	受众研究
audience	受众，观众
Augusto Pinochet	奥古斯托·皮诺切特

B

Baghdad	巴格达

Barbados	巴巴多斯
Barbara Appelbaum	芭芭拉·阿佩尔鲍姆
Batavia Society of Arts and Science	巴达维亚艺术与科学协会
Bates, Marcia	马西娅·贝茨
Battle of Verdun	凡尔登战役
Belvedere Museum	美景宫博物馆
Ben M'sik Community Museum	本·米西克社区博物馆
Benjamin Ives Gilman	本杰明·艾夫斯·吉尔曼
Bethany College	贝萨尼学院
Biodiversity Research Center and Natural History Museum of the University of Kansas	堪萨斯大学生物多样性研究中心和自然历史博物馆
BlancheWoolls	布兰奇·乌斯
Bodleian library at Oxford University	牛津大学博德利图书馆
botanical gardens	植物园
Bowling Green State University	鲍灵格林州立大学
Brad Taylor	布拉德·泰勒
British Library	大英图书馆
British Museum	大英博物馆
Brooklyn Children's Museum	布鲁克林儿童博物馆
Brunswick cathedral	布伦瑞克大教堂

C

C. L. Woolsey	伍尔西
cabinets of curiosities	珍奇屋
Cairo's Egyptian Museum	埃及博物馆，开罗
California Academy of Sciences in San Francisco	加利福尼亚科学院，旧金山
Callan	卡兰
Calliope	卡利奥佩（希腊神话中九位缪斯女神之一）

Canadian Conservation Institute	加拿大保护研究所
Canadian Museums Association	加拿大博物馆协会
Cape Coast Castle Museum in Ghana	海岸角堡博物馆，加纳
caring for collections	保管藏品
Carl Linnaeus	卡尔·林奈
Carolyn Brodie	卡罗琳·布罗迪
Carolyn L. Rose Award for Outstanding Commitment to Natural History Collections Care and Management	卡罗琳·L. 罗斯自然历史藏品保管与管理杰出贡献奖
carpenter	木工
Case Western Reserve University	凯斯西储大学
Caspar Neikelius	卡斯珀·尼克利乌斯
catalog number	编目号码
cataloging	编目
catalogs	编目，图录
Catalogus virorum qui vistarunt Musaeum nostrum	《博物馆观众目录》
Center for Applied Special Technology（CAST）	特殊技术应用中心
Center for Universal Design	通用设计中心
Central Bank of Ecuador	厄瓜多尔中央银行
Central Museum of Indonesian Culture	印度尼西亚文化中央博物馆
Ceumannan-Staffin Ecomuseum	库曼南－斯塔芬生态博物馆
Chancellor's Award for Outstanding Mentoring of Graduate Students	研究生杰出导师校长奖
Charles Ⅲ	国王查理三世
Charles Willson Peale	查尔斯·威尔逊·皮尔
Charleston Library Society	查尔斯顿图书馆协会
Chenhall nomenclatural system	陈霍尔博物馆编目系统

Children's Museum of Indianapolis in Indiana	印第安纳波利斯儿童博物馆，印第安纳州
children's museums	儿童博物馆
Christian Von Mechel	克里斯蒂安·冯·梅歇尔
Chung	钟（姓氏）
Claudius Ptolemy	克劳迪厄斯·托勒密（古希腊天文学家、地理学家）
Clio	克利俄（希腊神话中九位缪斯女神之一）
code of ethics	《职业道德准则》
Code of Ethics for Museum Workers	《博物馆工作人员道德准则》
collecting objects	收藏文物
collecting	收藏
collection database	藏品数据库
collection management	藏品管理
collection manager	藏品管理员
collection storage array	藏品存储排架
collection storage	藏品存储
collections care	藏品保管
collections components	藏品构成
collections	藏品
College of Charleston	查尔斯顿学院
College of Physicians in Philadelphia	费城医学院
Colonial Williamsburg	殖民地威廉斯堡博物馆
Columbus Museum of Art, Ohio	哥伦布艺术博物馆，俄亥俄州
commoditization	商品化
communication	交流传播
community organizations	社区组织机构
community responsibility	社区责任

Congress of Vienna	维也纳会议
Conn	康恩
Conner Prairie Interactive History Park in Fishers, Indiana	康纳草原互动历史公园，印第安纳州费舍尔
conservation	（文物）保护
conservation technician	文物保护技师（技术人员）
Conservation Treatment Methodology	《文物保护处理方法》
conservator	文物保护修复人员
constructivism	建构主义
constructivist	建构主义者
Contextual Model of Learning	"情境学习模型"
Convention on the Means of Prohibiting and Preventing the Illicit Import, Export and Transfer of Ownership of Cultural Property	《关于禁止和防止非法进出口文化财产和非法转让其所有权的方法的公约》
Cori Iannaggi	科里·依安纳吉
corporations	公司
Cosimo the Elder	老科西莫
CPA	注册会计师
"Crossroads of People, Crossroads of Trade"	"人民的十字路口，贸易的十字路口"
Cuidado, Manejo y Conservación de las ColeccionesBiológicas	《生物藏品的养护、管理和保护》
cultural affiliation	文化归属
cultural association	文化联想
cultural heritage	文化遗产
cultural patrimony	文物，文化遗产
cultural value	文化价值
curators	研究馆员，策展人
custodian	管理员

Czartoryski Museum（Krakow）	恰尔托雷斯基博物馆，克拉科夫

D

Damascus	大马士革
Dana, John Cotton	达纳，约翰·卡顿
Dar Batha Museum in Fez	达尔巴塔博物馆，非斯
David Hultman	大卫·赫尔特曼
David Wilson	大卫·威尔逊
deaccession	退藏
Dearborn, Michigan	密歇根州迪尔伯恩市
Declaration of Independence	《独立宣言》
Dedham Square, Massachusetts	戴德姆广场，马萨诸塞州
definition of collections	藏品定义
definition of museum	博物馆定义
Dell' Historia Naturale	《自然史》
demographic shift	人口结构变化
designer	设计师
deterioration, of collections	藏品的劣化
deterioration, of objects	文物的劣化
Detroit Institute of Arts	底特律艺术博物馆
development officer	发展主任
Dewey Decimal system	"杜威十进制分类法"
Dewey, John	约翰·杜威
Dictionnaire raisonné de l'architecture française du XIe au XVe siècle	《11世纪至15世纪法国建筑词典》
digital collections	数字收藏
digital preservation	数字保存
digital revolution	数字革命

digital storage	数字存储
director	馆长
discipline-based museum	以学科为基础的博物馆
discourse community	话语共同体
discovery space	探索空间
dissemination of information	信息的传播
docent coordinator	讲解协调员
docent	讲解员
Doctor Who	《神秘博士》
documentalist	文献工作者
documentation	文献
document-centered museum	以资料为中心的博物馆
documents	资料、文献、文档
documentum	文献（拉丁语）
Doge's Palace in Venice	威尼斯总督宫
Duke Henry the Lion	狮王亨利公爵

E

Earth and Mineral Sciences Museum & Art Gallery, Penn State University	宾夕法尼亚州立大学地球与矿物科学博物馆与美术馆
Ebla	埃勃拉（西亚古国）
ecomuseum	生态博物馆
EcomuseumBergslagen	贝里斯拉根生态博物馆
educator	教育工作者
Edward P. Alexander	爱德华·P.亚历山大
electronic data management	电子数据管理
Elee Wood	艾利·伍德
Elias Ashmole	埃里亚斯·阿什莫尔
Emily Wicks	埃米莉·威克斯

Encyclopedia of Library and Information Sciences	《图书馆学与信息科学大百科全书》
Enlightenment	启蒙运动
Erato	埃拉托（希腊神话中九位缪斯女神之一）
Eratosthenes of Cyrene	埃拉托斯特尼（古希腊科学作家、天文学家、数学家、诗人）
Euclid	欧几里得
Eugène Viollet-le-Duc	欧仁·维奥莱－勒迪克
European Asparagus Museum in Schrobenhausen, Germany	欧洲芦笋博物馆，德国施罗本豪森
Euterpe	欧忒耳珀（希腊神话中九位缪斯女神之一）
event planner	活动策划人
exhibition developer	展览开发员
exhibition of objects	实物的展示、展览
exhibits, physical	实体展览
exhibits, virtual	虚拟展览
experience seekers	体验寻求者
explorers	探索者
external systems	外部系统

F

facilitator	服务商
facilities manager	设备经理
Falk, John H.	约翰·H.福克
families	家庭
feedback	反馈
Ferdinando Cospi	费迪南多·科斯皮
Ferrante Imperato	费兰特·因佩拉托

Field Museum in Chicago	菲尔德博物馆，芝加哥
financial officer	财务主任
Ford W. Bell	福特·W. 贝尔
for-profit institutions	营利性机构
Fort Worth（Texas）Zoological Park	沃思堡（得克萨斯州）动物园
Foundations of Museum Studies	《博物馆学基础》
Francis Bacon	弗朗西斯·培根
Franklin Institute	富兰克林研究所
French Revolution	法国大革命
FrenteFarabundo Martí de Liberación Nacional, FMLN	法拉邦多·马蒂民族解放阵线
funding	资金，筹措资金
future of museums	博物馆的未来

G

G. Ellis Burcaw	埃利·布尔考
Gallery of Wood Art	木艺馆
general museum	综合性博物馆
generation of information	信息的生成
George Brown Goode	乔治·布朗·古德
George Hein	乔治·海因
George Rivière	乔治·里维埃
George Sandys	乔治·桑迪斯
George Washington	乔治·华盛顿
Georges Henri Rivière	乔治·亨利·里维埃
geosciences museum	地质科学博物馆
Getty Conservation Institute	盖蒂保护研究所
Glastonbury	格拉斯顿伯里
global diversity	全球多元化

global economy	全球经济
global reach	全球性覆盖
globalization	全球化
Google Art Project	"谷歌艺术计划"
government-owned museum	政府辖下博物馆
grant writer	拨款申请撰稿人
Greenfield Village at The Henry Ford in Dearborn, Michigan	亨利·福特的格林菲尔德村，密歇根州迪尔伯恩
Greg Byerly	格雷格·拜尔利
Griffin	狮鹫
Grimani family	格里马尼家族
Grinch	怪物格林奇
grounds keeper	场地管理员
guard	警卫

H

Halberstadt cathedral	哈尔贝施塔特大教堂
Hancock Museum in Newcastle, UK	汉考克博物馆，英国纽卡斯尔
hands-on	动手做
Hasbrouck House	哈斯布鲁克之家
Hathusa	哈图萨（土耳其）
Havre de Grace Decoy Museum	哈佛德格雷斯水鸟诱饵博物馆
Hein, George	乔治·海因
Heinrich Hoffman	海因里希·霍夫曼
Heliopolis	赫里奥波里斯城（古埃及）
Henry Ford's Greenfield Village	亨利·福特的格林菲尔德村
Henry of Blois	布卢瓦的亨利
Heritage Preservation	遗产保护组织
Hermitage in St. Petersburg	艾尔米塔什博物馆，圣彼得堡

Hero of Alexandria	希罗（古希腊发明家）
Herpetological Collecting and Collections Management	《爬虫学类的收藏和藏品管理》
Hispaniola	伊斯帕尼奥拉岛
historic sites	历史遗址
Historic Voodoo Museum in New Orleans	伏都教历史博物馆，新奥尔良
historical association	历史协会
history museum	历史博物馆
History of Museums	《博物馆的历史》
hobbyist	业余爱好者
Hokkaido Historic Village in Sapporo, Japan	北海道历史村落，日本札幌
holistic museum system	整体博物馆系统
Homo habilis	"能人"
Honduras	洪都拉斯
Hooper-Greenhill, Eileen	艾琳·胡珀-格林希尔
Hopi elders	霍皮族长老
Hopi kachinas	霍皮族的克奇那神
Hortus Botanicus in Leiden	霍图斯植物园，荷兰莱顿
Hugues de Varine	雨果·戴瓦兰
human resource officer	人力资源主任
Humphrey, Philip S.	菲利普·S.汉弗莱
HVAC（heating, ventilation, and air conditioning）	供暖、通风和空调系统

I

identity	身份，身份认同
Imagine the Possibilities	"想象可能性"展
Incas	印加人
Independence Hall	独立大厅
information disciplines	信息学科

information technologist	信息技术人员
information transfer	信息传递
information	信息
inner museum model	内部博物馆模型
inspiration	灵感
Institute for Learning Innovation	学习创新研究院
Institute of Museum and Library Services（IMLS）	博物馆与图书馆服务研究所
Institute of Museum Services	博物馆服务研究所
Instituto Liderazgo en Museos（Institute for Museum Leadership）（ILM）	博物馆领导力研究所，墨西哥
"institutes of visual instruction"	"视觉教学机构"
intentionality	意图性
internal museum system	内部博物馆系统
internal systems	内部系统
International Center for the Preservation of Cultural Property（ICCROM）	国际文化财产保护与修复研究中心
International Council of Monuments and Sites（ICOMOS）	国际古迹遗址理事会
International Council of Museums（ICOM）	国际博物馆协会
International Spy Museum in Washington, D.C.	国际间谍博物馆，华盛顿特区
interpretation of objects	文物阐释
interpretation	阐释
interpreting collections	解读，阐释藏品
Introduction to Museology: The European Approach	《博物馆学导论：欧洲方法》
Introduction to Museum Work	《博物馆工作导论》
Isle of Skye	斯凯岛，苏格兰
Ivo Maroević	伊沃·马罗耶维克

J

James Smithson	詹姆斯·史密森
job titles	头衔，职务名称
Joel Orosz	乔尔·欧罗斯
John Agada	约翰·阿加达
John Cotton Dana	约翰·卡顿·达纳
John Gouin	约翰·古安
John H. Falk	约翰·H. 福克
John Ruskin	约翰·罗斯金
John Scudder	约翰·斯卡德
John Simmons	约翰·西蒙斯
John Tradescant the Elder	老约翰·特雷德斯坎特
John Tradescant the Younger	小约翰·特雷德斯坎特
Jonah	约拿（《圣经》人物）
Julianne Snider	朱莉安娜·斯奈德
Juniata College	朱尼亚塔学院

K

Kansas Cosmosphere and Space Center, Hutchinson, Kansas	堪萨斯宇宙和太空中心，堪萨斯州哈金森
Kansas Historical Society	堪萨斯历史学会
Kansas Museum of History	堪萨斯历史博物馆
Keene, Suzanne	苏珊娜·基恩
Kent State University	肯特州立大学
Kiersten F. Latham	基尔斯滕·F. 莱瑟姆
King Oscar II	国王奥斯卡二世
knowledge theory	知识理论

L

L'Ossuaire de Douamont, the Douaumont Ossuary	杜奥蒙公墓（法国）
La Empresa Pública de Parques Naturales y Espacios Públicos（Public Agency for Natural Parks and Public Spaces）	自然公园和公共空间公共机构
LAM.（libraries, archives, and museums）	图书馆、档案馆和博物馆
large museums	大型博物馆
Lawrence Weschler	劳伦斯·韦斯切勒
learning experience	学习体验
learning theory	学习理论
learning	学习
Leiden	莱顿
Levin Vincent's museum	莱温·文森特博物馆
Liberty Bell Center	自由钟展览中心
Liberty Bell	自由钟
librarian	图书馆员
library and information science（LIS）	图书馆与信息科学
Library of Alexandria	亚历山大图书馆
Library of Congress system	美国国会图书馆分类系统
LIS（library and information science）	图书馆与信息科学
living history museum	活态历史博物馆
loans	借用
local economy	地方经济
localization	本土化
Ludvika	路德维卡
Luis Gerardo Morales-Moreno	路易斯·赫拉尔多·莫拉莱斯-莫雷诺
Lwandle Migrant Labour Museum in Lwandle	卢旺德尔移民劳工博物馆，卢旺德尔

Lynn D. Dierking   林恩·D.迪尔金

M

Madame Documentation	"文献夫人"
Makah Cultural and Research Center in Neah Bay, Washington	马卡文化与研究中心，华盛顿州尼亚湾
Makah elders	马卡长老
Manual for Museums	《博物馆手册》
Maori	毛利人
Mari	马里（西亚古国）
Mark	马克
market value	市场价值
Maroevic', Ivo	伊沃·马罗耶维克
Martin and Osa Johnson Safari Museum in Chanute, Kansas	马丁和奥萨·约翰逊野生动物博物馆，堪萨斯州沙努特
Mary Alexander	玛丽·亚历山大
Massillon Museum	马西隆博物馆
Massillon Tigers high school football team	马西隆老虎高中橄榄球队
material value	物质价值
materiality	物质性
meaningful physical resource	有意义的物质资源
meaning-making	意义构建
Medellin	麦德林
medical museum	医学博物馆
Medici family	美第奇家族
Medici palace	美第奇宫
medium museum	中型博物馆
Melpomene	墨尔波墨涅（希腊神话中九位缪斯女神之一）

memory institutions	记忆机构
Meshed	麦什德
Mesopotamia	美索不达米亚（亚洲西南部）
meta-disciplines	元学科
Metropolitan Museum in New York	大都会艺术博物馆，纽约
Michael Kerr	迈克尔·克尔
Michigan State University	密歇根州立大学
Milan cathedral	米兰大教堂
mirabilia	奇迹（无限的或神圣的奇迹）
miracula	奇事（有限的奇迹）
Moira Simpson	莫伊拉·辛普森
Monterey Bay Aquarium	蒙特雷湾水族馆
Montuvio	蒙图维奥（指西班牙、美洲原住民和非洲裔混血人）
Morazán province	莫拉桑省
Mount Vesuvius	维苏威火山
mouseion	缪斯女神之座
Mr. Wilson's Cabinet of Wonder	《威尔逊先生的奇迹之屋》
Murray Bowen	默里·鲍恩
Musaeum Tradescantianum	《特拉德斯坎特博物馆目录》
museal	博物馆的
musealia	馆藏文物
museality	博物馆现实性
musealization	博物馆化
Musée Central des Artes in Paris	巴黎中央艺术博物馆
Museo d'Antichità	安提奇塔博物馆
Museo de Historia Natural in Buenos Aires	自然历史博物馆，布宜诺斯艾利斯
Museo de Historia Natural in Mexico City	自然历史博物馆，墨西哥城

Museo de la Memoria y los Derechos Humanos（Museum of Memory and Human Rights）in Santiago, Chile	记忆与人权博物馆，智利圣地亚哥
Museo de la Revolución	革命博物馆
Museo del Hombre Dominicano, Museum of Dominican Man	多米尼加人博物馆
Museo Histórico de la Policia Nacional	国家警察历史博物馆
Museo Nacional de Antropología in Mexico City	国家人类学博物馆，墨西哥城
Museo Sacro	神圣博物馆
Museographica	《博物馆实务》
museography	博物馆志，博物馆方法学
Museologica	国际博物馆咨询公司
museologist	博物馆学家
museology	博物馆学
Muses	缪斯女神
museum catalog	博物馆图录
museum cataloging	博物馆编目
museum collections defined	博物馆藏品定义
museum defined	博物馆定义
museum educator	博物馆教育工作者
museum functions	博物馆功能
museum law	博物馆法
Museum News	《博物馆新闻》
Museum Object as Document: Using Buckland's Information Concepts to Understand Museum Experiences	《博物馆文物作为文献：使用巴克兰的信息概念理解博物馆体验》
Museum of Anthropology	人类学博物馆
Museum of Bad Art	糟糕艺术博物馆

Museum of Death in San Diego, California	死亡博物馆，加利福尼亚州圣迭戈
Museum of Egyptian Antiquities in Cairo	埃及古物博物馆，开罗
Museum of Fine Arts in Boston	波士顿美术馆
Museum of Jurassic Technology in Culver City, California	侏罗纪科技博物馆，加利福尼亚州卡尔弗城
Museum of Menstruation	月事博物馆
Museum of Questionable Medical Devices in Minneapolis	问题医疗器械博物馆，明尼阿波利斯
Museum of Science and Industry	科学与工业博物馆
Museum of Vertebrate Paleontology	古脊椎动物学博物馆
Museum of Vertebrate Zoology	脊椎动物学博物馆
Museum Olaus Worm	奥劳斯·沃尔姆博物馆
museum philosophy	博物馆工作哲学
museum practice	博物馆实践
museum practitioners	博物馆从业者
museum professionals	博物馆专业人员
museum research	博物馆研究
Museum Services Act	《博物馆服务法》
museum studies programs	博物馆研究项目
museum studies theory and practice	博物馆研究理论和实践
museum studies	博物馆研究
museum system	博物馆系统
museum techniques	博物馆技术
museum theory	博物馆理论
museum types	博物馆类型
museum user	博物馆使用者
Museum Work	《博物馆工作》
museum work	博物馆工作
Museum Wormianum	《沃尔姆博物馆》

Museums and the Shaping of Knowledge	《博物馆与知识的塑造》
Museums in Motion	《博物馆变迁》
Museums of the World	《世界博物馆》
Museums, Objects and Collections	《博物馆、实物和藏品》
Mütter Museum	穆特博物馆

N

Nabonidus	纳波尼德斯（古巴比伦国王）
National Civil War Museum	国家内战博物馆
national identity	国家身份/认同
National Museum of Cambodia	柬埔寨国家博物馆
National September 11 Memorial and Museum in New York City	"9·11"国家纪念博物馆，纽约
nationhood	国家地位
Natural History Museum at the University of Kansas	堪萨斯大学自然历史博物馆
Natural History Museum in London	自然历史博物馆，伦敦
naturalia	自然界的
nature center	自然中心
Neanderthals	尼安德特人
Nebraska	内布拉斯加
Nebuchadnezzar	尼布甲尼撒（古巴比伦国王）
Nelson Mandela National Museum	纳尔逊·曼德拉国家博物馆
New England Regional Art Museum in Armidale, Australia	新英格兰地区艺术博物馆，澳大利亚阿米代尔
Newark Museum in Newark, New Jersey	纽瓦克博物馆，新泽西州纽瓦克
Newark Museum	纽瓦克博物馆
Newburgh	纽堡市
Noah	诺亚（《圣经》人物）

nonprofit	非营利的
Norberg	努尔贝里
Northern States Conservation Center	北部州保护中心

O

object information	藏品信息
object presentation	物品展示
object-based dialogue	基于物的对话
object-based epistemology	基于物的认识论
object-based institutions	以物为基础的机构
object-based investigation	以物为基础的学术研究
object-based learning	以物为基础的学习
objects and learning	物与学习
Observation and Distillation—Perception, Depiction, and the Perception of Nature	《观察与提炼：感知、描绘和对大自然的感知》
Olaus Worm	奥劳斯·沃姆
older adults	老年人
ordering system	
organization of information	信息的组织
Osage Nation Museum and Library in Pawhuska, Oklahoma	欧塞奇部落博物馆和图书馆，俄克拉荷马州波哈斯卡
outer museum model	外部博物馆模型

P

Pablo Escobar	巴勃罗·埃斯科瓦尔
Packer	帕克
Parque Histórico de Guayaquil	瓜亚基尔历史公园
Pearce, Susan	苏珊·皮尔斯
Pennsylvania Historical and Museum Commission	宾夕法尼亚历史与博物馆委员会

Pennsylvania Museum and School of Industrial Art in Philadelphia	宾夕法尼亚博物馆和工业艺术学院，费城
Pennsylvania State House	宾夕法尼亚州议会大厦
Percy Skuy Gallery, Dittrick Museum of Medical History	迪特里克医学史博物馆珀西·斯库依馆
permanent loan	永久借用
Perquín	佩尔金
personal collections	个人收藏
personal communication	个人交流传播
person-document transaction	人与文档的交流
phenomenological position	现象学立场
Philadelphus	费拉德普斯
Philip Strong Humphrey	菲利普·斯特朗·汉弗莱
Phineas T. Barnum	菲尼亚斯·T. 巴纳姆
photographer	摄影师
physical museum	实体博物馆
physical object experiences	实物体验
physical resource	物质资源
physical storage	物理存储
Pio Clemente museum	庇护-克雷芒博物馆
Plains Woodland	伍德兰时期
planetarium	天文馆
Please Touch Museum	请触摸博物馆
Polyhymnia	波吕许尼亚（希腊神话中九位缪斯女神之一）
Pompeii	庞贝
Pope Clement XIV	教皇克雷芒十四世
Port Discovery Children's Museum in Baltimore, Maryland	发现港儿童博物馆，马里兰州巴尔的摩

Prasat Hin Phimai Historic Park, Phimai, Thailand	泰国披迈历史公园
preparatory	准备师
preservation of objects	文物保护
preservation technology	（文物）保护技术
preservation	保存,（文物）保护
preventive conservation	预防性保护
private institution	私人机构
program developer	项目开发员
provenance	来源
Ptolemy Soter	托勒密·索托尔
public institution	公共机构
public relations officer	公共关系官
public relations	公共关系
public trust	公共信托
Pylos	皮洛斯（希腊）

Q

Qatar National Museum	卡塔尔国家博物馆

R

Radio Venceremos	"我们必胜"电台
Ralph H. Lewis	拉尔夫·H.刘易斯
Randy Brown	兰迪·布朗
Reach Advisors	触角顾问（纽约的一家消费者研究机构）
recharger	充电者
regional museum	区域性博物馆
registrar	登记员

registration number	登记号码
registration	登记
Renaissance	文艺复兴
René Descartes	勒内·笛卡儿
repository	库房，存储库
research collections	研究性收藏，研究收藏
research value	研究价值
research	研究
restoration	修复
retail store manager	零售店经理
Río Duale	里奥·杜阿勒
Roman Empire	罗马帝国
Royal Ontario Museum in Toronto	皇家安大略博物馆，多伦多

S

Salvador Dali Museum in Figueres, Spain	萨尔瓦多·达利博物馆，西班牙菲格雷斯
Samuel von Quiccheberg	塞缪尔·冯·奎奇伯格
Sarah Yorke Stevenson	萨拉·约克·史蒂文森
Sauder Village, Archbold, Ohio	绍德村，俄亥俄州阿奇博尔德
school group（preK–12 or homeschool）	学校团组
science center	科学中心
Science Museum of Minnesota	明尼苏达科学博物馆
scientific value	科学价值
Scudder's American Museum	斯卡德氏美国博物馆
Sebastiano Biavati	塞巴斯蒂亚诺·比亚瓦蒂
security officer	安保人员
security systems	安全系统
Sherlock	《神探夏洛克》

Shrine of Imam Aliar-Rida	伊玛目阿里·里达圣陵
Silverman	西尔弗曼
Sir William Henry Flower	威廉·亨利·弗劳尔爵士
Siriraj Medical Museum	诗里拉医学博物馆
Skansen museum	斯坎森博物馆
small museum	小型博物馆
Smithsonian Institution	史密森学会
social responsibility	社会责任
Society for the Preservation of Natural History Collections（SPNHC）	自然历史收藏保护协会
sociocultural communication	社会文化传播
sociocultural	社会文化
South African Museum	南非博物馆
South African Museums Association（SAMA）	南非博物馆协会
South Carolina	南卡罗来纳州
specialized museum	专题博物馆
species of museums	博物馆种类
SR-71 Blackbird	SR-71 黑鸟型飞机
standards	标准
State Museum of Pennsylvania in Harrisburg	宾夕法尼亚州博物馆，哈里斯堡
State of Tuscany	托斯卡纳大区
Stephen E. Weil	史蒂芬·E.威尔
Stevenson, Sarah Yorke	萨拉·约克·史蒂文森
Stevenson, Sarah Yorke	萨拉·约克·史蒂文森
storage environment	存储环境
Stransky	斯特兰斯基
Struwwelpeter Museum	斯特鲁维彼得博物馆
Sumerian city of Ur of the Chaldees	古代苏美尔城市迦勒底的乌尔

Superior Voluntary Service Award	美国博物馆联盟卓越志愿服务奖
Susan Pearce	苏珊·皮尔斯
sustainable museum	可持续的博物馆
Suzanne Briet	苏珊娜·布里特
Suzanne Keene	苏珊娜·基恩
systems of order	排序系统
systems theory	系统理论
systems thinking	系统思维
systems, xii	系统

T

Taino	泰诺
Tammany Society	坦慕尼协会
Taronga Park Zoo in Sydney, Australia	塔龙加动物园，澳大利亚悉尼
teacher	教师
Teather	蒂彻
Temple of the Muses in Alexandria	亚历山大城的缪斯神庙
Tenement Museum in New York	出租公寓博物馆，纽约
Teresa Goforth	泰瑞莎·格佛斯
Terpsichore	忒耳西科瑞（希腊神话中九位缪斯女神之一）
Thai Folk Songs Museum	泰国民歌博物馆
Thalia	塔利亚（希腊神话中九位缪斯女神之一）
The American Museum	美国博物馆
The Biblical Book of Job	《圣经·约伯记》
The Caribbean	加勒比海
The Exploratorium	探索馆
"The Golden Age of Museums"	"博物馆的黄金时代"

The Invisibility of Collections Care Work	《藏品保管工作的隐形性》
The Louvre	卢浮宫博物馆
The Mindful Museum	《正念博物馆》
The Objects of Experience: Transforming Visitor-Object Encounters in Museums	《物之体验：转化中的博物馆观众与物之碰撞》
The Odyssey	《奥德赛》
The Poetry of the Museum: A Holistic Model of Numinous Museum Experiences	《博物馆的诗歌：博物馆精神体验之整体模式》
The Prado	普拉多博物馆
The Seven Lamps of Architecture	《建筑的七盏明灯》
The Stones of Venice	《威尼斯的石头》
The Thickness of the Things: Exploring the Museum Curriculum through Phenomenological Touch	《事物的厚重：通过现象学之触觉探索博物馆课程》
The Traveler's Club International Restaurant and Tuba Museum, East Lansing, Michigan	旅行者俱乐部国际餐厅与大号博物馆，密歇根州东兰辛
The Virtual Museum of Japanese Art	日本艺术虚拟博物馆
Theater of Nature's Marvels/Wondertoonel der Natur	《大自然奇观剧场》
Things Great and Small: Collections Management Policies	《大事小情：藏品管理政策》
Tiger Legacy	"老虎遗产"展
Toledo Museum of Art	托莱多艺术博物馆
trusts	信托
Tuthmosis Ⅲ	图特摩斯三世

U

U.S. Congress	美国国会
Uffizi Palace	乌菲齐宫
Ukrainian Cultural Heritage Village in Alberta, Canada	乌克兰文化遗产村，加拿大艾伯塔

UlisseAldrovandi	乌利塞·阿尔德罗万迪
Umayyad caliphs	伍麦叶王朝哈里发
UNESCO（United Nations Educational, Scientific and Cultural Organization）	联合国教育、科学及文化组织
UNESCO Convention	《联合国教科文组织公约》
United Kingdom's Museums Association	英国博物馆协会
United Nations Educational, Scientific and Cultural Organization	联合国教育、科学及文化组织
United States Holocaust Memorial Museum in Washington, DC	美国大屠杀纪念馆，华盛顿特区
Universal Decimal Classification	《通用十进制分类法》
Universal Design（UD）	通用设计
Universal Design for Learning（UDL）	通用学习设计
universal museum	普世性博物馆
Universidad Nacional de Colombia	哥伦比亚国立大学
university museum	大学博物馆
University of Bologna	博洛尼亚大学
University of California in Berkeley	加利福尼亚大学伯克利分校
University of Iowa	艾奥瓦大学
University of Kansas	堪萨斯大学
Urania	乌拉尼娅（希腊神话中九位缪斯女神之一）
useful life of objects	物品的使用寿命

V

Van Mensch	冯·门施
Vatican Museums	梵蒂冈博物馆
Vel Tituli TheatriAmplissimi（*Inscriptions of the immense theater*）	《大剧院题铭》

Venetian Republic	威尼斯共和国
Victoria and Albert Museum	维多利亚与艾伯特博物馆
virtual exhibits	虚拟展览
virtual museum	虚拟博物馆
visitor evaluation	观众评估
visitor experience	观众体验
visitor identities	观众身份
visitor interest	观众的兴趣
visitor service	观众服务
visitor services coordinator	观众服务协调员
visitor services manager	观众服务经理
Visitor Studies Association	观众研究协会
visitor studies	观众研究
visitor	观众
volunteer coordinator	志愿者协调员
volunteer	志愿者

W

waqf	瓦克夫制度
Web designer	网页设计师
Weil, Stephen E.	斯蒂芬·E. 韦尔
Wellesley College	韦尔斯利学院
Wilcox Classical Museum	威尔科克斯古典博物馆
Wilkening	威尔肯宁
William Flinders Matthew Petrie	威廉·弗林德斯·马修·佩特里
Winchester	温切斯特
Women's Museum of the United Arab Emirates in Dubai	妇女博物馆, 阿拉伯联合酋长国迪拜

Y

Yaneth Muñoz-Saba	亚内斯·穆尼奥斯－萨巴
young adults	年轻人

Z

Zahava Doering	扎哈瓦·多林
Zona de Vida Silvestre	"野生动物区"
Zona UrbanoArquitectonica	城市建筑区

译后记

正如本书书名《博物馆学基础：不断演进的知识体系》所体现的，博物馆和博物馆学都是动态的、不断演进的。多年来业界一直没有就博物馆的定义达成共识，直至 2022 年 8 月 24 日，国际博物馆协会布拉格大会以投票方式通过了博物馆的最新定义："博物馆是为社会服务的非营利性常设机构，它研究、收藏、保护、阐释和展示物质与非物质遗产。向公众开放，具有可及性和包容性，博物馆促进多样性和可持续性。博物馆以符合道德且专业的方式进行运营和交流，并在社区的参与下，为教育、欣赏、深思和知识共享提供多种体验。"国际博物馆协会认为"博物馆学是一种对博物馆的历史和背景，博物馆在社会中的作用，博物馆的研究、保护、教育和组织，博物馆与自然环境的关系以及对不同博物馆进行分类的研究"。在国际博物馆协会官网上可查到一个国际博物馆学委员会（ICOFOM），该委员会把研究、学习和传播博物馆学作为一门独立科学学科的理论基础，批判性地分析当代博物馆学的主要发展趋势，并将博物馆学理解为博物馆领域的研究、理论和哲学，以及博物馆实践和功能的伦理。它包括博物馆理论和实践，以及对博物馆和现有知识领域的批判性反思。

我在文物博物馆领域从事国际交流与合作工作三十多年，实践多于理论，一直与国际博物馆同行一起工作，窃以为对博物馆业内工作实践已有足够的了解。因此，在春法馆长提出策划组织编译国际博物馆学前沿论著时，我积极组织实施，后又在馆长的鼓励和支持下决心翻译此书。翻译过程中我突然发现，博物馆学理论与博物馆实践有着巨大的差别。正如作者所说，博物馆学词汇可能在博物馆实践中从不被从业者使用，但是其在博物馆研究中却很实用。在与国内外博物馆同行交流合作中，我与博物馆馆长及策展人、研究馆员、典藏人员、修复人员、公共教育人员、志愿者都有过密切的接触和交流。但在翻译本书时，仍有许多词汇无法找到合适的中文词汇来表述。比如 Curator，如书中所描述的那样，该词含义非常宽泛，可指策展人、典藏人员，也可指专门的研究人员。因此，结合中国博物馆现状，我将该词翻译为中国博物馆界通用的学术职称"研究馆员"。又比如书中重点讨论的"物"（object），如统一翻译成"文物"，在整体叙述各类博物馆中使用该词时并不完全匹配，书中所用的"物"，指代所有博物馆化的"物"，因此，本书选择直译"物"而非简单译为"文物"。在此特别赘述，以免同行误解。

翻译此书期间正值疫情，在馆领导与其他部门同事的大力支持下，我与国际联络部的小伙伴们不负韶华，携手完成了两次"全球博物馆珍藏展示在线接力"活动，第二届丝绸之路博物馆联盟大会，以及第二届全球博物馆馆长论坛等大型线上线下活动，统筹出版了中英双语版《中国国家博物馆馆藏精粹》以及首届丝绸之路博物馆联盟大会和首次金砖国家博物馆联盟大会论文集。

感谢春法馆长、成军副馆长对译本的指正；感谢山东大学文化遗产研究院尹凯副教授对译本的审校，这让我能够使用更加准确的专业词汇来表述。感谢304室的潘晴和何书铱，还有翻译室的夏美芳，我们常常为一个词、一个句子纠结苦恼或喜笑颜开。还要感谢我的家人，特别是远在美国的女儿多次帮我指出去掉"翻译腔"。谢谢你们如恒星般的守护和支持。

为便于中文读者阅读，我在必要处加了简单注释。才情有限，译文不免存在错讹或疏漏，敬祈读者诸君海涵指正。

陈淑杰

2023 年 12 月于都柏林